TABLE DE MATIÈRES

LISTE DES ACRONYMES

AOR – Agreement Officer's Representative
COR – Contracting Officer's Representative –
DCHA – USAID Bureau of Democracy, Conflict and
    Humanitarian Assistance
EA – Environmental Assessment
EIA – Environmental Impact Assessment
ESDM – Environmental Sound Design and
Management
EMPR -Environmental Monitoring Plan and Report

FFP – Food For Peace
GIS – Geographic Information System
IEE – Initial Environmental Examination

IPM –Integrated Pest Management
MEO – Mission Environmental Officer
ND w/ cond. – Negative Determination with
Conditions
PD – Positive Determination
NGO – Non-Governmental Organization
PERSUAP – Pesticide Evaluation Report and Safer
Use Action Plan
SMTN – Sun Mountain International
USAID – United States Agency for International
Development

AOR – Officier Responsable des Accords
COR – Officier Responsable des Contrats
DCHA – Bureau de l'USAID pour la Démocratie, le
Conflit et l'Assistance Humanitaire
EA – Évaluation Environnementale
EIA – Étude d'Impact Environnemental
ESDM – La Bonne Gestion de l'Environnement

EMPR – Le Plan et le Rapport d'Atténuation
Environnemental
FFP – Alimentation pour la paix (Bureau USAID)
GIS – Systèmes d'Information Géographique
IEE – Examen Environnemental Initial
IPM – Gestion Intégrée des Ravageurs
MEO – Agent Environnemental de la Mission
NDw/C. –Détermination Négative avec Conditions

PD –Détermination Positive
ONG- Organisation Non-gouvernementale
PERSUAP – Rapports d'Évaluation des Pesticides et
Plan d'Action pour une Utilisation à Moindre Risque
SMTN – Sun Mountain International
USAID – Agence des Etats-Unis pour le
Développement International

I. INTRODUCTION

Le comité de planification de cet atelier est heureux de vous présenter ce rapport final des Ateliers USAID/Haïti sur la Conformité et les Régulations Environnementales qi ont tenus lieu du 3 au 7 février 2014, et du 10 au 14 février 2014 à Montrouis en Haïti

Cette initiative de formation fut élaborée dans le but d'aider l'équipe d'USAID/Haïti et leurs organisations partenaires pour améliorer la qualité et l'efficacité des programmes de développement qu'ils soutiennent. Lors de chaque atelier, les participants ont travaillés ensemble durant quatre jours et demi, partageant leurs expériences et leur savoir-faire pour développer des actions environnementales réalistes, effectives, et significatives.

Ces ateliers ont étés conçus pour assister les participants dans l'identification, la mitigation et la supervision des impacts environnementaux des projets de développement qui sont sous l'autorité du Titre 22 du code de réglementations fédérales partie 216, communément appelé 22 CFR 216 d'USAID, ainsi que sur le cadre d'analyse environnementale reconnu internationalement.

Dans son ensemble, l'atelier fut un grand succès, et nous voudrions particulièrement remercier les présentateurs d'USAID, du Ministère de l'Environnement de l'Université d'Etat d'Haïti et de Jeanne-Josette Acacha Akoha pour leurs efforts et leur dur travail lors de l'élaboration des présentations. La planification et le déroulement de ces sessions n'auront pas pu être possibles sans leur professionnalisme, leur expertise et leur engagement. Nous voudrions aussi remercier l'ONG FLASSEF du village de Ravine Sèche, l'hôtel Moulin sur Mer, l'hôpital de Référence de Saint Nicholas de Saint Marc, l'hôpital Victor Binkley de Pierre Payen et les projets WINNER, et PSH pour nous avoir soutenus avec la provision de projets et de guides pour les visites de terrain de l'atelier. Nos remerciements les plus sincères à Rob Clausen, Abdel Abellard et Paul Schmidtke pour leur soutien technique et leur orientation qui ont permis à cette initiative de se concrétiser. Nos remerciements vont aussi organisations qui ont apportés leur appui et leur participation active à ces ateliers, car sans celle-ci, nous n'aurions pas pu atteindre les objectifs fixées de cette initiative.

Nous espérons que tous les participants favoriseront la promotion de cette formation environnementale d'USAID en organisant des événements similaires au niveau local, et en assurant la résilience, la durabilité écologique et la qualité de leurs projets dans la région. Nous sommes convaincus que le succès de cette formation dépendra des liens qui ont été créés ici et de la communication continue entre chacun d'entre nous pour que la synergie développée durant cet atelier nous guide vers une direction plus durable et plus productive.

Scott Solberg
Directeur
Sun Mountain International

Mercy Nange
Coordinatrice de l'atelier
Sun Mountain International

2. STRUCTURE ET OBJECTIFS DE L'ATELIER

1.1. Objectifs de L'atelier

Cette formation avait pour but d'appuyer le personnel USAID et le personnel clé des organisations partenaires de USAID FFP au Niger à mettre en œuvre et à suivre les bonnes pratiques de gestion et de conception environnementales, de même que d'évaluer les activités de développement, pour réaliser des programmes à la fois plus durables et plus efficaces.

Pour accomplir cet objectif général, l'atelier a été conçu pour:
1. Renforcer la capacité des participants à réaliser des études environnementales de haute qualité.
2. Aider à assurer l'intégration des éléments de la conception et de la gestion respectueuse de l'environnement (ESDM) dans les travaux en cours et futurs.
3. Aider l'équipe d'USAID, les bénéficiaires, les contractants, et les organisations partenaires à mieux comprendre la Régulation 216.
4. Promouvoir la collaboration, l'échange d'information, ainsi que la création de réseaux pour les problématiques clés.

Pour accomplir ces objectifs, les atelier contenaient des exercices de groupe ainsi que des études de cas sur le terrain. Ci-dessous est présenté un organigramme conceptuel de l'Atelier.

1.2. Organigramme Conceptuel de l'Atelier

CONTEXTE ET CADRE JURIDIQUE

- Régulations Environnementales d'USAID
- Macroanalyse de l'environnement: Haïti

CONCEPTS, OUTILS ET EXPÉRIENCES EN GESTION DE L'ENVIRONNEMENT

- Documentation Conforme pour la Régulation 216 (IEE, EMPR, EA)
- Concepts basiques de l'atténuation et le suivi environnemental (M&M)
- Enjeux, défis et leçons de la gestion et l'atténuation environnementale.
- Stratégies et priorités dans le cadre du Changement Climatique Mondiale et la Biodiversité
- Rapport d'Évaluation des Pesticides et Plan d'Action pour une Utilisation à Moindre Risque (PERSUAP).

ÉTUDES DE CAS DANS LE CONTEXTE LOCAL

- Agriculture et moyens de subsistance
- Construction et logements
- Pesticides et irrigation
- Santé

COLLABORATION ET SUIVI

- Discussion: Le partage des connaissances en gestion et atténuation des impacts environnementaux, et le partage des techniques pour venir à bout des obstacles possibles.

- Travail en équipe: Discussion sur les leçons acquises sur le terrain, et renforcement de la gestion environnementale dans la conception, l'atténuation des impacts, et le suivi des projets

- De la théorie à la pratique: Identification et documentation des nouvelles étapes stratégiques pour que le personnel de l'USAID/Haïti ainsi que les membres clés des organisations partenaires puissent incorporer les résultats de cette formation dans leurs programmes présents et futurs

3. SESSIONS TECHNIQUES

A continuation sont présentées toutes les sessions techniques des Ateliers. Un bref résumé du contenu de chaque session est donné ainsi qu'un résumé des points clés abordés lors des discussions avec les participants.

3.1. Session 1:La bonne gestion de l'environnement (ESDM)

Format : Présentation technique et Dialogue
Facilitatrice: Mercy Nange
Présentateurs: Jeanne Josette Acacha Akoha avec le soutien de Rob Clausen

Résumé de la session
- Origine de la prise de conscience de l'importance de l'environnement aux USA : Rachel Carson et son livre "Le printemps silencieux".
- Origine du développement de Procédures Environnementales par USAID et de l'adoption de la CFR Régulation 216: NEPA adopté aux USA et puis par la suite problème au cours d'un projet d'USAID/Pakistan avec utilisation du Malathion.
- Explication de ce qu'est la Régulation 216 et ce qu'elle exige.
- Définition générale de ce qu'est l'environnement dans tous ses aspects (naturel/physique, social/économique et biologique).
- Présentation du concept de la bonne gestion de l'environnement (ESDM) en spécifiant l'importance de systématiquement prendre en compte les considérations environnementales lors de la conception et de la gestion des activités de développement.
- Conseils sur comment prendre en compte les considérations environnementales lors de toutes les étapes du projet (conception, mise en œuvre, opération, déclassement).
- Importance de la prise en compte du changement climatique pour l'ESDM

Points clés
- Les raisons de l'incident avec le Malathion au Pakistan : le NEPA n'avait que 10 ans et au niveau des partenaires il n'y avait pas encore de procédures équivalentes : USAID n'était pas préparé à la gestion des produits comme le Malathion à l'extérieur. Le Malathion est un Restricted Use Pesticide (pesticide a usage limité), qui peut donc être utilisé sous certaines circonstances ; ce qui a posé problème est la dose employée.
- Le phénomène de blanchissement des coraux : l'une des principales causes du blanchissement est le changement climatique, qu'il est nécessaire de ralentir.
- Précision sur ce que comprend le terme environnement: environnement bio physique, genre, etc.

3.2. Session 2:L'environnement en Haïti

Format : Présentation technique et Dialogue
Facilitatrice: Jeanne Josette Acacha Akoha
Présentateur: Lucienna Exil

Résumé de la session

- Historique sur le développement du droit environnemental (entre autres, Constitution de 1987 et son amendement en 2011, Plan d'Action pour l'Environnement, Décret concernant la Gestion Environnementale et la Régulation de la Conduite des Citoyens pour le Développement Durable) à Haïti ainsi que des institutions gouvernementales liées à l'environnement
- Résumé de la situation environnementale à Haïti: données sur la faune, la flore, la géographie du pays, les ressources en eau, etc. Plus en détail, données sur la situation de la couverture forestière primaire et sa forte dégradation.
- Raisons de la mauvaise situation environnementale du pays: grande vulnérabilité sociale et économique, densité de population très élevée, épuisement accélérée des ressources naturelles, faible capacité de gestion de l'environnement, faible coordination entre les institutions et entre les partenaires, etc.
- Axes de la politique du Ministère de l'Environnement (MDE) (éducation environnementale, reboisement et reforestation, surveillance environnementale, alternatives d'énergie, etc.) et actions en cours (Campagne Nationale de Reboisement, Corridors Biologiques, etc.).

REMARQUE :Suite à cette présentation certaines personnes ont dit être un peu perdues car le rythme était un peu rapide. Pour cette raison, l'un des participants appartenant au projet AVANZE a réalisé une présentation en créole sur l'environnement en général (qu'entend-t-on par environnement, exemples de problèmes liés à l'environnement, etc.)

Points clés
- Il y a un manque de lois spécifiques sur l'eau, les pesticides, la qualité de l'air, etc. en Haïti. Par exemple, pour la qualité de l'eau, seuil de détermination de la pollution est inconnu.
- Il existe également le problème des conflits institutionnels(entre le MDE et les autres institutions).
- La création du Bureau National d'Evaluation Environnementale permettra de garantir le respect des lois environnementales. Cependant, le défi est encore énorme.
- L'USAID a rappelé que certains projets qui à priori paraissent avoir uniquement des effets positifs sur l'environnement, tels que les projets de reboisement et de réhabilitation, peuvent également avoir des impacts négatifs donc il faut faire une analyse pour tout type de projet.
- Une précision a été faite sur la différence entre la couverture forestière et la couverture.de foret primaire. Il existe un manque de lois de caractère environnemental concernant les forêts ; il est nécessaire d'établit des lois spécifiques pour protéger les écosystèmes.
- Dans tout type d'interventions de l'USAID, il y aura des impacts positifs ou négatifs. La conformité environnementale s'applique aussi aux projets qui, à priori, ont uniquement des impacts positifs. Il est nécessaire d'évaluer les politiques et les stratégies, de connaître les taux de réussite des projets de reboisement, d'appliquer un zoning pour ralentir la déforestation et améliorer le taux de couverture forestière du pays

- Les exigences de reportage au sein du MDE pour les projets développés par USAID sont :le projet réalise une étude environnementale ; cette étude est analysée et ensuite un avis favorable ou défavorable est donné pour le projet. Tous les projets doivent subir le même processus.

3.3.   Session 3 : L'EIA et outils d'USAID: l'IEE, l'EMPR et les EAs.

Format :Présentation technique et dialogue
Facilitatrice : Jeanne Josette Acacha Akoha
Présentateurs: Abdel Abellard avec soutien de Rob Clausen et Paul Schmidtke

Résumé de la session

- Introduction au processus de l'Évaluation de l'Impact Environnemental (EIA) : explication de son utilité et de son contenu.
- Explication des différents types d'impacts sur l'environnement existants, de leurs caractéristiques (directs ou indirects, négatifs ou positifs, etc.) et de la manière dont on peut identifier l'impact d'un projet sur l'environnement (nécessité de connaître la situation initiale). Exemples d'identification d'impacts pour un projet d'irrigation.
- Présentation des différentes méthodes de mitigation existantes et de la façon dont chacune atténue les impacts environnementaux (mesures de prévention et de contrôle, mesures compensatoires & mesures de compensation).
- Introduction à l'Evaluation Environnementale (EA) : utilité, étapes et contenu.
- Contenu de l'IEE et de l'EMPR et implications relatives à chaque détermination possible (exclusion catégorique, détermination négative avec ou sans conditions &détermination positive). Exemples de déterminations pour différentes activités.
- Rappel pour les participants : ceci est une présentation sommaire sur tous les outils disponibles pour la conformité environnementale, ils seront revus en détail au cours de la semaine.

Points clés
- Discussion sur les mesures de mitigation et les mesures de compensation : la complexité de choisir une mesure de mitigation est qu'il est nécessaire d'analyser toutes les alternatives possibles et de faire un bilan de leurs aspects positifs et négatifs. Il faut également penser qu'une mesure, même partielle, est déjà mieux que pas de mesure du tout, même si ce n'est pas idéal.
- Discussion sur l'évaluation des risque d'une activité : le BEO confirme le classement de l'activité ; ce qui détermine les outils à utiliser pour l'évaluation. En pratique, quand on a un projet qui va avoir des impacts permanents (comme un barrage hydraulique) on va avoir une Détermination Positive. Il faut toujours consulter avec le COR pour confirmer ceci.
- Que faire avec des préservatifs expirés ? Il faut effectivement détruire les préservatifs expirés et s'assurer que les protocoles dictés par Ministère de la Santé et par l'USAID soient suivis. S'assurer aussi que le protocole de suivi décrit dans l'EMPR a été correctement mis en œuvre. Le Ministère de la Santé fait la différence entre déchets plastiques et préservatifs ; le MDE est en train de faire une régulation sur les différents types de déchets. Une des mesures est de limiter la quantité de préservatifs distribués pour ne pas avoir à jeter les excédents périmés.
- Prendre en compte le respect des lois et politiques locales lors des études .d'impact.
- Importance de l'évaluation avant, pendant (visites régulières de sites) et ex-post (Suivi et Evaluation) le projet.
- Importance de se focaliser sur les impacts les plus importants et de prioriser les mesures de mitigation de ces impacts.
- Le champ d'une étude dépend de la sensibilité du milieu devant abriter le projet : la réhabilitation d'une route existante qui passe par un couloir de passage d'oiseaux migrateurs exigera un niveau d'attention d'une zone protégée.

3.4.   Session 4 : Visite de terrain 1

Format: Travail de groupe

Objectifs:
Mettre en œuvre les compétences de base d'analyse environnementale apprises au cours de la première journée à travers une visite de terrain suivie par du travail en groupe pour (1) identifier les impacts sur l'environnement d'un scénario hypothétique pour chaque site et (2) identifier des recommandations pour atténuer ces impacts

Sites visités:
- Champ de riz SRI
- Hôtel Moulin sur Mer
- Musée Ogier-Fombrun

1A.   Travail de terrain Atelier 1 – Groupe 2 sur l'Hôtel Moulin sur Mer

1) Impacts
- Fuites d'essence des bateaux de la marina, ce qui provoque la contamination de l'eau de mer
- Nuisance sonore qui affecte les mammifères marins et la biodiversité en générale
- Utilisation excessive de l'eau
- Déchets humains en raison des voyages effectués sur les bateaux
- Abattage de cocotiers
- Contamination de l'écosystème par la peinture des bateaux
- Par rapport au village pêcheur: si on augmente la consommation, la pêche va s'intensifier et il y a un risque de pêche des petits poissons
- Fumigation de l'hôtel, journalière et très agressive, provoque la contamination de l'environnement et endommage la santé humaine

2) Recommandations
- Collecte et recyclage de l'huile de moteur
- Utilisation de l'eau : choisir la source et s'assurer que l'utilisation soit limitée. Si nécessaire, tester l'eau
- Alternative : On peut penser à délocaliser la marina car il y a une présence importante de corail dans les environs
- Promouvoir l'activité des récifs sous-marins
- Pour la pêche : former les pêcheurs en pêche et diversifier les carrières (former les gens en élevage, etc.). Faire une évaluation de la ressource et identifier les mesures d'atténuation
- Créer des circuits alternatifs pour les bateaux afin de diminuer la nuisance sonore
- En ce qui concerne la fumigation de l'hôtel : la faire quand les clients ne sont pas là, donner des équipements de protection au personnel et s'assurer qu'ils vont prendre en compte les coûts s'il y a des dégâts sur la santé des clients

1B.   Travail de terrain Atelier 2 – l'Hôtel Moulin sur Mer

1) Impacts
- Impact positif : plus de touristes nationaux et internationaux
- Impact négatif : augmentation de la pêche (surpêche)

- Impact négatif : bruit, odeur (pollution)
- Impact négatif : ressources limitées (niveau d'eau)
- Impact négatif : augmentation des déchets
- Impact mitigée : sauvegarde des poissons, barrière de corail endommagée ; rendement des pécheurs à faible moyen
- Augmentation du trafic des bateaux
- Si aucune action : pas de création d'emplois ; chômage ; pauvreté.

2) Recommandations
- Construire la marina loin de l'hôtel;
- Trouver une solution adéquate quant au recyclage des eaux usées
- Formation d'une organisation de pêcheurs
- L'hôtel prendra en charge la gestion : l'usage de styrofoam est interdit ; sensibilisation et accès aux services d'assainissement
- Délimiter l'espace pour les bateaux et les nageurs
- Endroit commun de marinas à petite ou moyenne taille de type gouvernementale ou PPP

2A. Travail de terrain Atelier 1 – Groupe 3 sur le Musée Ogier Fombrun

1) Impacts
- Contamination de l'eau de surface et de la nappe phréatique
- Gestion des déchets de construction peut provoquer contamination et par la suite la disparition d'espèces

2) Recommandations
- Obtenir de l'information sur les matériaux de construction utilisés
- S'assurer que les ouvriers sont équipés d'équipements de protections adéquates
- S'assurer de l'existence de points d'écoulements et de récupération des eaux
- Changer le type d'énergie utilisée : par exemple, opter pour de l'énergie solaire ou éolienne.

2B. Travail de terrain Atelier 2 – le Musée Ogier Fombrun

1) Impacts
- Risque de perte de la référence historique sur les produits et matériaux
- Risque sanitaire et sécuritaire
- Augmentation des coûts pour MFA
- Impact positif pour améliorer le tourisme et le patrimoine culturel et historique
- Impact positif économique ; le projet est rentable
- Impact positif sur l'éducation civique et historique.
- Si aucune action n'est prise : risque de perte totale d'un patrimoine de l'identité culturelle Haïtienne

2) Recommandations
- Respect des réglementations au niveau sécuritaire
- Démolition du bâtiment et augmentation du tarif d'entrée
- Les coûts sont pris en charge par l'hôtel

3A.   Travail de groupe Atelier I – Groupe I sur le Champ de riz SRI

1) Impacts
- L'Intensification entraîne un appauvrissement du sol, ce qui découle sur l'utilisation d'engrais
- L'utilisation de pesticides (pestes, protection de culture) provoque l'acidification du sol et la contamination de l'eau par des produits chimiques
- L'eau stagne car le système de drainage n'a pas d'exutoire, ce qui a les impacts suivants: site de production de moustiques et risque de propagation de maladies

2) Recommandations
- Bonnes pratiques agricoles: utiliser les engrais au moment où la plante en a le plus besoin
- Respecter les doses d'engrais utilisés
- Munir la parcelle d'un système de filtration pour filtrer l'eau provenant de la nappe
- Etablir une rotation de cultures : planter des bananes et, entre deux saisons de bananes, faire de la riziculture
- Améliorer le système de drainage
- Alternative: délocaliser la parcelle

3.5.   Session 5: Le Contrôle de la Qualité de l'Eau

Format :Présentation technique et dialogue
Facilitatrice: Jeanne Josette Acacha Akoha
Présentateur: Justin A. Casimir

Résumé de la session
- Présentation des différentes régions hydrographiques d'Haïti avec leurs ressources hydrologiques respectives (eaux de surface, eaux souterraines) ;
- Détail des différents vecteurs de menaces et épidémiologie liés à la contamination de l'eau (animaux, activités industrielles, activités agricoles, activités minières, etc.) ;
- Aspect socioculturel lié à la qualité de l'eau en Haïti ;
- Cade institutionnel (gouvernement, privé, ONG, Organisations Internationales) et légal pour le contrôle de la qualité de l'eau en Haïti. Description de plusieurs lois concernant la qualité de l'eau (ex. Loi réglementant l'usage des eaux souterraines profondes) ;
- Aspect normatif en Haïti : avant il n'y avait aucune normative mais après le séisme développement des « Lignes directrices pour le contrôle de la qualité de l'eau potable en Haïti ». Détail de ces lignes directrices (normes physico-chimiques, bactériologiques et fréquence d'analyse) et comparaison avec d'autres normes comme OMS ;
- Laboratoires intervenant dans le domaine de la qualité de l'eau en Haïti et paramètres sur lesquels ils se basent ;
- Conclusions &Perspectives : peu d'informations disponibles sur la qualité de l'eau en Haïti. Besoin de développer plus de normes à l'avenir.

Points clés
- Il existe quelques efforts de sensibilisation sur la qualité de l'eau, notamment sur les aspects chimiques de la qualité de l'eau

- Il existe de la coordination et de la coopération entre les autres institutions et le Ministère de l'Environnement pour sanctionner les pollueurs, mais le Ministère de l'Environnement n'a aucune responsabilité. Plutôt, c'est le Ministère des Travaux Publics qui s'occupe de la majorité des questions concernant la qualité de l'eau.
- Disponibilité et qualité de l'eau en Haïti : Il n'y a pas de problème de manque d'eau en Haïti (il y'a deux fois plus d'eau que de besoin) mais il y a un problème d'exploitation et d'accès à l'eau de haute qualité.
- Absence en Haïti de laboratoire spécialisé dans la mesure de la concentration en arsenic.
- Besoin de définir les normes de l'eau potable.

3.6. Session 6: Gestion des déchets médicaux

Format :Présentation technique et dialogue
Facilitatrice : Jeanne Josette Acacha Akoha
Présentatrice: Anne Eudes JEAN-BAPTISTE

Résumé de la session
- Description du problème de la gestion des déchets médicaux (quels risques en découlent, quelles sont les personnes à risque, etc.)
- Cadre institutionnel en Haïti pour la gestion des déchets
- Objectifs de la bonne gestion des déchets médicaux : prévenir la transmission des maladies, prévenir les blessures, prévenir l'exposition
- Problème spécifique à Haïti : après le tremblement de terre on a reçu beaucoup de médicaments qui ont vite périmé, et maintenant des agents marketing les vendent à n'importe qui.
- Détail du processus correct de gestion des déchets: (1) collection et séparation (différents sachets pour différents déchets, boites de sécurité pour ce qui est piquant et tranchant, etc.); (2) transport des déchets; (3) stockage
- Description de différentes techniques d'élimination : incinérateur, autoclave (avantages et désavantages de chacun).
- Problème important de leadership concernant la gestion des déchets médicaux : le Directeur de l'hôpital/centre de santé ou autre dirigeant doit prendre des décisions pour assurer une bonne gestion de déchets.
- Eléments importants pour l'avenir: attribuer les responsabilités pour la gestion des déchets; attribuer les ressources humaines et financières suffisantes; sensibilisation et formation; faire un choix sur les options de traitements selon le nombre de lits, les ressources humaines et financières disponibles, etc.
- Présentation d'un outil « DPSP » qui est en train de se développer en coordination avec le Ministère de la Santé pour le Monitoring & Evaluation de la gestion des déchets.

Points clés
- Equipement des centres de santé d'Haïtien incinérateurs ou des autoclaves :Moins de 10% des centres ont un incinérateur(56 incinérateurs identifiés dans les 671 centres du pays),et parmi ceux-là on ne sait pas lesquels fonctionnent.

- Les médecins et le personnel de santé peuvent agir comme des vecteurs de maladies aux patients au travers des blouses qu'ils portent.
- Problème de la vente des médicaments par les marchands ambulants, et nécessité d'une gestion adéquate des médicaments périmés par l'Etat Haïtien.
- Formation du personnel des hôpitaux sur la gestion des déchets : le personnel des hôpitaux reçoit un support technique pour les formations et pour l'obtention du matériel nécessaire pour la gestion des déchets ; les centres de santé ont donc le budget et la formation nécessaire pour développer une bonne gestion. Mais il manque une prise de responsabilité de la part des hôpitaux.
- Suivi et respect des normes : développement de l'outil « DPSP ».
- Possibilité d'avoir une entité qui contrôle tous les déchets médicaux : USAID cherche cependant à établir un incinérateur central pour les hôpitaux départementaux.
- Gestion des déchets issus des cliniques mobiles : les cliniques mobiles doivent être attachées à une institution et doivent y ramener leurs déchets. Si l'institution mère n'a pas d'incinérateur, la clinique mobile doit avoir un contrat avec une institution départementale.
- Gestion des déchets issus des malades atteints du Choléra :les déchets humains sont mis dans une latrine qui doit être désinfectés avec du chlore car la bactérie y est très sensible. Les autres déchets doivent être gérés conformément aux normes (seringues dans boîtes de sécurité, récipients de boissons dans les sachets jaunes, etc.).

3.7.   Session 7: WASH dans les hôpitaux et écoles

Format :Présentation technique et dialogue
Facilitatrice : Jeanne Josette Acacha Akoha
Présentateurs : Rob Clausen et Jeanne Josette Acacha

Résumé de la session
- Description des exigences concernant WASH pour les hôpitaux et les écoles (qualité de l'eau, assainissement, désinfection et lavage de mains)
- Impacts environnementaux de WASH : traitement des eaux usées, déchets médicaux, opération et entretien
- Exigences WASH pendant le transport et la construction (toilettes et station de lavage des mains, drainage de l'eau usée, élimination des déchets, etc.)

3.8.   Session 8 : Visite de terrain 2

Format: Travail de groupe

Objectifs: Créer et pratiquer les compétences de base d'analyse environnementale apprises au cours de la première journée à travers une visite de terrain suivie par du travail en groupe pour (1) identifier les impacts sur l'environnement d'un scénario hypothétique pour chaque site et (2) identifier des recommandations détaillées pour atténuer ces impacts

Sites visités:
- Hôpital Saint-Nicolas

- Centre Hospitalier Victor Binkley
- CRDD WINNER

1A. Travail de terrain Atelier 1 – Groupe 1 sur l'Hôpital Saint-Nicolas

Description du site

L'hôpital est construit sur 1 hectare avec 2 zones (une ancienne et une nouvelle). L'hôpital comprend une morgue, un bureau administratif, une buanderie, un dépôt de matériel divers (non pharmaceutique), et offre les services suivants : maternité, gynécologie/obstétrique, chirurgie, pédiatrie et médecine interne.

Exercice A : Impacts et mesures d'atténuation recommandées sur le scénario

Description de l'impact sur l'environnement	Mesures d'atténuation recommandées
1- Augmentation du risque de contamination par rapport à la mauvaise gestion des déchets	Meilleur système de gestion des déchets, et de drainage Formation du personnel dans la gestion des déchets.
2- Beaucoup plus d'utilisation d'eau	
3- Risque de contamination des patients par rapport à la poussière et la nuisance sonore	Isoler le site de la construction par rapport aux patients.
4- Carence en ressources humaines (infirmières, médecins, etc.)	Recherche des ressources financières

Exercice B : Recommandations pour l'hôpital en se basant sur la situation réelle

Recommandation # 1	
Description de l'impact	Contamination par la mauvaise gestion des déchets
Niveau du risque	❑ Bas ❑ Modéré X Haut
Recommandation	Réparer l'incinérateur, formation du personnel, plan de gestion des déchets.

Recommandation # 2	
Description de l'impact	Contamination par rapport à l'eau stagnante venant de la buanderie
Niveau du risque	❑ Bas ❑ Modéré X Haut

Recommandation	Améliorer le système de drainage en maitrisant les eaux usées

1B.   Travail de terrain Atelier 2 – Groupe 1 sur l'Hôpital Saint-Nicolas

Description du site
Localise dans le centre de la ville de Saint Marc, il offre les 4 services de base et possède 200 lits. Il a une morgue et un incinérateur sur le site ainsi qu'une salle d'attente extérieur.

Exercice A : Impacts et mesures d'atténuation recommandées sur le scénario

Description de l'impact sur l'environnement	Mesures d'atténuation recommandées
Risque de mauvaise gestion de l'espace additionnel	-Evaluation détaillée des besoins et risques de l'agrandissement de l'hôpital -Développement d'un plan pour la prévention de problèmes liés aux risques et conséquences associées à l'agrandissement de l'hôpital -Sensibilisation du staff, des patients et des visiteurs sur l'agrandissement de l'hôpital et les procédures
Augmentation du risque de contamination par des déchets additionnels	-Elaborer un plan/procédure de gestion de déchets - Formation pour les employés -Réparer ou remplacer l'incinérateur -Potentiellement déplacer l'incinérateur vers un lieu loin et isolé -Créer un espace fermé et isolé pour la gestion des déchets
Augmentation du risque de contamination de l'eau/du sol	-Placer déchets médicaux dans des containers fermés, des sachets fermés.
Augmentation du risque de contamination	Installation de plus de lavabos avec savon liquide pour les employés, les patients et les visiteurs
La qualité de l'air pourrait s'empirer avec plus de patients, de visiteurs	-Installer des grillages près des chambres de patients -Meilleure gestion des déchets et de l'assainissement

Exercice B : Recommandations pour l'hôpital en se basant sur la situation réelle

Recommandation # 1	
Description de l'impact	Containers ouverts avec les déchets médicaux. Des insectes peuvent se poser sur ces déchets et transporter maladies

Niveau du risque	☐ Bas
	☐ Modéré
	X Haut

Recommandation	-Aménager un espace fermé et protégé pour les déchets -Utiliser des containers fermés, comme des sachets médicaux ou des poubelles avec couvercles -Interdire aux patients de mettre leurs vêtements à sécher sur les murs près des déchets -Personnel doit absolument porter des équipements appropriés -Horaire régulier de collecte et de destruction des déchets

Recommandation # 2

Description de l'impact	Mauvaise gestion d'hygiène et d'assainissement (vases sous/ près des lits des patientes qui viennent d'accoucher)

Niveau du risque	☐ Bas
	X Modéré
	☐ Haut

Recommandation	- Vider les vases immédiatement dans des toilettes - Interdire aux patients et employés de vider les vases dans des rigoles - Donner accès aux lavabos et donner du savon pour le lavage des mains des patients

Recommandation # 3

Description de l'impact	-Patients exposés aux insectes qui transportent les maladies

Niveau du risque	☐ Bas
	☐ Modéré
	X Haut

Recommandation	-Limiter nombre de visiteurs - Installer un grillage pour protéger les salles des patients et des bébés nouveaux nés

2A.   Travail de terrain Atelier 1 – Groupe 2 sur le Centre Victor Binkley

Description du site

Le Centre hospitalier Victor Binkley/Pierre Payen (Année 70) dessert 36,427 habitants et reçoit 40 à 50 patients par jour. Il est composé de 2 centres séparés (1 communautaire et 1 privé). Le personnel est composé de 10 médecins, 10 infirmières, 20 aides-soignants et 20 agents communautaires. Il possède un incinérateur et une décharge qui est régulièrement brulée.

Exercice A : Impacts et mesures d'atténuation recommandées sur le scénario

Description de l'impact sur l'environnement	Mesures d'atténuation recommandées
Risque de contamination de la rivière	Déplacer l'incinérateur
Pollution due aux cendres de l'incinérateur	Déplacer l'incinérateur
Risque de contamination pour l'environnement du a la mauvaise gestion des déchets	Respect des procédures de gestion de déchets Formation du personnel de l'hôpital
Altération des médicaments/chaine de froid non fonctionnelle	S'assurer du remplissage journalier de la feuille de contrôle de temps.
Problème de drainage	Canaliser l'eau en direction de la plantation après traitement/nettoyage fréquent
Toilettes mal entretenues/lavabos non alimentés en eau	Réparer la conduite et/ou le robinet
Problème de ventilation	Réaménagement du bloc de consultation

2B.   Travail de terrain Atelier 2 – Groupe 2 sur le Centre Victor Binkley

Description du site

Services installés dans deux ailes reparties dans plusieurs bâtiments séparés par une route à forte fréquentation. Aile privée de construction récente et aile communautaire vétuste. Centre offrant les quatre services de base, avec un personnel composé de 10 médecins et de 10 infirmières. Centre accessible pour la communauté.

Exercice A : Impacts et mesures d'atténuation recommandées sur le scénario

Description de l'impact sur l'environnement	Mesures d'atténuation recommandées
Impact sur l'écosystème (disparition des espèces animales et végétales)	Choix de site approprié, compensation
Impact social: possibles déplacements de population, conflits sociaux	Choisir un terrain avec un titre de propriété, respecter le droit foncier, dialogue avec les parties prenantes
Erosion et pollution des sols	Choisir un terrain approprié: terrain en pente, utilisation
Impact sanitaire: pollution et transmission maladies	Utilisation de matériaux non-toxiques
Impact sur l'équité homme-femme: emploi uniquement pour les hommes	Engagement de femmes dans la construction et l'intégration au niveau des activités du centre

Exercice B : Recommandations pour l'hôpital en se basant sur la situation réelle

Recommandation # 1

Description de l'impact	**Risque de contamination biologique et chimique**: latrines, nettoyage des draps, gestion des déchets toxiques ou infectieux Pollution de la rivière qui passe en bas du terrain
Niveau du risque	❑ Bas ❑ Modéré X Haut
Recommandation	Eloigner le lieu d'incinération de la rivière ou construire un mur de séparation tout autour Respecter les normes de triages

Recommandation # 2

Description de l'impact	**Impact sanitaire**: contagion, infection nosocomiale, infection liée à l'hygiène médicale
Niveau du risque	❑ Bas ❑ Modéré X Haut
Recommandation	Isoler tous les objets qui ont été mis en contact les agents contaminant

Recommandation # 3

Description de l'impact	**Impact social positif**: devenir une référence en matière de soins maternels et de maternité, Attirer des clients de la région
Niveau du risque	X Bas ❑ Modéré ❑ Haut
Recommandation	Promouvoir les bonnes pratiques dans la région Maintenir des standards élevés au niveau du service de maternité

Recommandation # 4

Description de l'impact	**Impact organisationnel**: risque de discontinuité du service, de surpopulation, trop de déchets et manque de personnel
Niveau du risque	❑ Bas X Modéré ❑ Haut
Recommandation	Adapter les ressources (humaines, espaces, matériel, etc.) à l'augmentation de la fréquentation de l'hôpital

Recommandation # 5	
Description de l'impact	**Risques liés à la construction**: phase de transition, réorganisation de l'hôpital pendant la construction, fumées toxiques et bruit liés à la construction
Niveau du risque	❑ Bas ❑ Modéré X Haut
Recommandation	Mettre en place un système de transfert vers les autres hôpitaux durant la phase de construction

3A.   Travail de terrain Atelier 2 – Groupe 1 sur le CRDD

Description du site

Le site occupe une superficie d'un demi-hectare avec le projet de s'agrandir sur 4 ha. Terrain en pente et canaux de drainage; Préservation de l'environnement original (bas d'abattage d'arbres fruitiers). Le bâtiment est bien intégré et possède des espaces de démonstration agricole.

Exercice A : Impacts et mesures d'atténuation recommandées sur le scénario

Description de l'impact sur l'environnement	Mesures d'atténuation recommandées
Impact sur l'écosystème (disparition des espèces animales et végétales)	Choix de site approprie, compensation
Impact social: possibles déplacements de population, conflits sociaux	Choisir un terrain avec un titre de propriété, respecter le droit foncier, dialogue avec les parties prenantes
Erosion et pollution des sols	Choisir un terrain approprie: terrain en pente, utilisation
Impact sanitaire: pollution et transmission maladies	Utilisation de matériaux non-toxiques
Impact sur l'équité homme-femme: emploi uniquement pour les hommes	Engagement de femmes dans la construction et intégration au niveau des activités du centre

3.9.   Session 9 : L'EMPR

Format : Présentation technique et Dialogue
Facilitatrice: Jeanne Josette Acacha Akoha
Présentateur: Abdel Abellard

Résumé de la session

- Processus qui mène à la préparation d'un EMPR : projet avec NDwC, le brouillon de l'EMPR est complété, l'EMPR est révisé et approuvé.
- Présentation de la structure de l'EMPR : Page de couverture, Sommaire, Formulaire d'évaluation environnementale préalable (Table 1), Impacts potentiels et mesures d'atténuation associées à ceux-ci (Table 2), Plan de suivi et feuille de contrôle (Table 3)
- Présentation des Directives Environnementales d'USAID LAC comme référence apprendre au sujet des impacts potentiels des activités.

Points clés
- La procédure dans le cadre de projets qui ont débuté sans évaluation préalable : Généralement un projet ne doit pas commencer sans EMPR et cet EMPR doit être approuvé par la Mission. S'il n'y a pas eu d'évaluation soit on interdit l'implémentation, ou on va faire une évaluation sur le moment même pour voir comment est la situation. La solution dépend des cas.
- Une activité de formation lors de laquelle des prothèses sont produites serait-elle aussi classifiée en tant qu'exclusion catégorique ?
  - Ceci dépend du type de formation réalisé et des matériaux utilisés pour fabriquer les prothèses.
- Comment déterminer si un impact est à haut risque ou à risque moyen ?
  - USAID est généralement disponible pour aider à cet effet, il y a également les lignes directrices d'USAID qui servent de référence, et enfin, le bon sens.
- En cas de projets où il y a un partenariat avec une organisation non-financée par USAID, l'évaluation se fait-il sur l'ensemble du projet ou uniquement sur la partie financé par d'USAID ?
  - Ceci dépend de la quantité du budget que met USAID : si c'est un donneur mineur alors on ne fait pas d'évaluation. Par contre, si les impacts sont majeurs alors c'est différent car on s'assure que le projet est conforme à certains critères avant de fournir l'argent aux partenaires.
- Comment faire pour les activités financières ?
  - Il faut intégrer les questions environnementales dans le budget.

3.10. Session 10: La mitigation des impacts du changement climatique sur l'agriculture, la sécurité alimentaire et la perte de la biodiversité : le cas d'Haïti

Format : Présentation technique et Dialogue
Facilitatrice :Jeanne Josette Acacha Akoha
Présentateur: Ron Savage

Résumé:
- Projections principales concernant le changement climatique pour Haïti (température, précipitations, etc.)
- Effets du changement climatique sur les saisons agricoles, sécurité alimentaire et désertification.
- Pertes principales pour les Caraïbes en raison du changement climatique (personnes déplacées, pertes pour les aéroports, pertes économiques annuelles, etc.)
- Impacts des événements extrêmes : exemple du cas de la Jamaïque et des pertes agricoles
- Haïti : pertes économiques, coûts pour la santé

- Caractéristiques de l'agriculture Haïtienne et problèmes liés à ses caractéristiques (érosion, déforestation, etc.)

REMARQUE: Lors du deuxième atelier, le contenu de cette session a été modifié afin de se focaliser plus sur l'adaptation au changement climatique. Les points suivants ont été abordés au cours du deuxième atelier:

- Présentation de différentes méthodes pour la mitigation et l'adaptation au changement climatique et explication sur chacune : plantation d'arbres, planification de l'utilisation du sol, conservation des sols et de l'eau, établissement de réserves naturelles, etc.

Points clés

- Comment peut-on prendre en compte les manifestations du changement climatique dans les projets ?
  - o Il faut promouvoir l'adaptation et l'introduction de nouvelles technologies, par exemple utiliser semences adaptées, qui demandent moins d'eau, etc. Il est aussi important d'utiliser des meilleures pratiques agricoles et même de retrouver d'anciennes techniques agricoles qui sont adaptées à la variabilité du climat. .
- Il est également important de communiquer les impacts du changement climatique au niveau national et faire une étude détaillée sur les impacts prévus afin que les projets puissent en tenir compte ainsi qu'améliorer la communication sur ce thème.

3.11. Session 11: Les zones humides

Format : Présentation technique et Dialogue
Facilitatrice: Jeanne Josette Acacha Akoha
Présentatrice: Jennifer Karsner

Résumé de la session
- Explication de ce qu'est une zone humide. C'est une définition légale, pas biologique.
- Présentation de la définition biologique également.
- Types de zones humides (adjacentes vs. Isolées, lagunes, etc.) et bénéfices qu'elles apportent (conservation biodiversité, purification eau, etc.)
- Explication de l'importance des zones humides par rapport à la Reg. 216
- Législations liées aux zones humides
- Implications pour les projets (COR, AOR, etc.) : nécessaire d'avoir une carte SIG, etc.
- Description des possibles impacts des projets sur les cours d'eau. Par exemple, l'eau utilisée pour les canaux d'irrigations est utilisée pour se baigner, pour boire, pour laver le linge, etc. donc possible effet sur la santé humaine.

Points clés

- Le village Ravine Sèche est-il considéré comme une zone humide ? Et le facteur de surface est-il pris en compte dans la délimitation d'une zone humide ?
  - o Une zone humide est une désignation locale. La zone adjacente est désignée comme zone humide/zone de transition.
- Les zones humides sont-ils des zones protégées ?
  - o Cela dépend de la zone, certaines zones humides sont désignées comme protégées, d'autres pas.

- o En Haïti, la classification agro-écologique des zones ne correspond pas à la classification des zones humides.
- Juridiquement les zones ne sont pas protégées mais au niveau de la Reg. 216, la réalisation d'une étude complète est nécessaire car il y a beaucoup de dangers potentiels de dommages à la zone humide.

- L'eau doit-il être au statut liquide pour qu'une zone soit considérée comme humide ?
  - o Au niveau hydrologique une zone humide n'est pas limitée à la présence d'eau. Par exemple, s'il y a de la végétation hydrique, si le sol est bien saturé, c'est une signification d'hydrologie et c'est une zone humide.
- Peut-on utiliser les hygromètres, qui mesurent le niveau d'humidité, et si oui, quel est le niveau qui détermine les zones humides ?
  - o Oui on peut utiliser des hygromètres. On doit alors mesurer le niveau d'humidité à la fin de la saison des pluies.

3.12. Session 12: La technologie GIS pour la gestion de l'environnement

Format : Présentation technique et Dialogue
Facilitatrice: Jeanne Josette Acacha Akoha
Présentatrice: Anna Brenes

Résumé:
- Usage et objectifs de l'utilisation de GIS (créer des rapports précis avec une collecte de données améliorée, distribuer et partager des informations sous la forme de cartes statiques et vivantes, comprendre les impacts potentiels de développement (à la fois défavorables et défavorables, etc.)
- Exemple de l'aire protégée des trois baies (zone de protection marine du Gouvernement)
- Exemple de l'utilisation du GIS afin de protéger la biodiversité : au travers de la création, développement et préservation des corridors fauniques
- Exemple de l'utilisation du GIS : suivi et évaluation des zones humides (analyse historique de l'image aérienne): surface de l'eau augmente 2002 à 2010

Points clés
- Quel est le rapport entre GIS et Google Earth ? Les informations de GIS peuvent-ils être mises à disposition du publique ?
- Avec Google Earth on peut collecter ces informations et qu'avec un Samsung Androïde on peut télécharger GIS 4. Q GIS est un système gratuit qui peut être utilisé par le publique. Mais l'information collectée n'est pas souvent disponible pour le grand public.
- Dans le cadre de plusieurs projets il est nécessaire d'avoir une carte GIS et c'est un outil très utile dans le travail de développement et d'études environnementales.
- D'autres ressources incluent Kobomap, un programme qui sert à constituer des plans à partir de points. Il y a beaucoup de programmes qui aident à faire les cartes par exemple, ART GIS, Q GIS.

3.13. Session 13 : Visite de terrain 3

Format: Travail de groupe

Objectif:
Créer et pratiquer les compétences de l'analyse environnementale et de l'élaboration d'un EMPR apprises au cours de la troisième journée à travers une visite de terrain suivie par du travail en groupe pour (1) identifier les impacts sur l'environnement d'un scénario hypothétique pour chaque focus et (2) remplir les trois tableaux de l'EMPR pour chaque cas

Sites visités:
Village de Ravine Sèche avec trois focus différents : pêche, moyens de subsistance alternatifs et agriculture, logements et assainissement.

IA. Travail de terrain Atelier I – Groupe I sur la pêche

Description du site
Ravine Sèche fait partie de la deuxième section communale de Saint Marc. 600 habitants au total. Activité principale est la pêche. Le village dispose de quatre bateaux à moteurs, un freezer électrique, une génératrice en panne, un inverseur sans batterie.

Table 2 de l'EMPR

#	Sous-activité ou composante	Description de l'impact potentiel	Mesures d'atténuation recommandées
I	Composante I Numéro 6	Contamination et pollution et risques dû aux effets toxiques	Collecte répondant aux normes du Ministre de l'environnement et de REG 216
	Étape I Numéro 8, 9 18	Exploitation de poisson avec rupture de chaine alimentaire. Endommagement du récif.	Assistance technique et éducation, "renforcement"
	Étape 2 Numéro 10 et 11	Pollution de l'air et déchets. Impact négligeable.	
2	Composant2 Numéro 21	Odeurs désagréables. Impact petit.	Formation
	Étape I Numéro 31		Gender Framework and Action Plan

Table 3 de l'EMPR

#	Description de la mesure d'atténuation	Parti responsable	Méthodes de suivi			Cout estimé	Résultats			Modifications recommandées
			Indicateurs	Méthodes	Fréquence		Dates du suivi	Problèmes rencontrés	Efficacité de la mesure d'atténuation	
1	Collecte répondant aux normes du Ministère de l'environnement et de REG 216									
2	Assistance Technique et éducation, "renforcement"									

Remarques sur le travail de groupe :

- Il faut considérer les questions du changement climatique pour les projets de zones côtières et inclure des mesures d'atténuation pertinente à ce thème, tel qu'ajouter des projets de plantation/réhabilitation des zones côtières.
- Il est très important de bien désigner les responsabilités lorsqu'on parle de mesures d'atténuation et de suivi dans un projet.

IB. Travail de terrain Atelier 2 – Groupe I sur la pêche

Description du site

Ravin Sèche est un village mixte, enclavé, isolé, déboisé, situé au bord de la mer et en partenariat avec Food for the Poor. Population d'environ 500 personnes, dont 200 sont membres de l'association des pêcheurs. Les habitants du village ont un faible revenu en général. Le village n'est pas entretenu, et il n'existe pas de système d'élimination de déchets.

Table 2 de l'EMPR

#	Sous-activité ou composante	Description de l'impact potentiel	Mesures d'atténuation

| 1 | Construction de latrines extérieures toilettes

1. La conception des latrines
2. L'emplacement/ location des latrines | -La conception des latrines n'est pas socialement acceptable
-La localisation n'est pas facilement accessible
- Une nappe phréatique élevée peut provoquer l'infiltration des eaux usées et engendrer des problèmes de santé | - La conception de latrines est approuvée par un ingénieur et les membres de la communauté; mettre l'emphase sur la participation des femmes
- Construire les latrines en dehors des zones inondables
- L'emplacement des latrines est approuvé par tous les membres de la communauté, (tous âges, toutes capacités, ainsi que les hommes et les femmes de la communauté) |

Table 3 de l'EMPR

#	Description de la mesure d'atténuation	Parti responsable	Méthodes de suivi				Résultats				Ajustement
			Indicateurs	Méthodes	Fréquence	Cout estimé	Dates du suivi	Problèmes rencontrés	Efficacité de la mesure d'atténuation	las recommandés	
1	L'emplacement des latrines est approuvé par les membres de la communauté, surtout les femmes	Technicien de l'organisation sur terrain									

Remarques sur le travail de groupe :

- USAID a rappelé au groupe qu'il faut toujours prendre en compte l'échelle du projet pour ce qui est de la détermination. Si c'est un petit projet dans une zone normale, alors on peut avoir une NDwC.
- Il est aussi important de prendre en compte les stocks actuels de poisson.

2A. Travail de terrain Atelier 1 – Groupe 2 sur les moyens de subsistance alternatifs/l'agriculture

Description du site

Ravine Sèche est une localité de Bois Neuf, deuxième section communale de Saint Marc. Elle comprend environ 125 familles pour un total de 600 habitants environ. Il existe dans la zone une école primaire, une école professionnelle, un centre culturel et de loisirs. La principale activité est la pêche.

Table 2 de l'EMPR

#	Sous-activité ou composante	Description de l'impact potentiel	Mesures d'atténuation recommandées
1	Construction du poulailler	Nuisance sonore	Relocalisation du poulailler
	Gestion des déchets générés par la construction	Risque de contamination des eaux de surface	Entreposage dans un espace spécifique très éloigné pour ensuite les collecter par le service approprié à cet effet
	Gestion des déchets générés par l'élevage des poulets	Odeur désagréable	Utilisation de bagasses de cannes et nettoyage régulier
2	Valorisation de la culture du Moringa/Benzolive	Risque de pertes par manque d'eau d'irrigation	Système d'arrosage régulier par l'eau de la rivière Captage des eaux de pluie à l'aide des toitures des immeubles de la zone
	Etablissement de pépinières et transplantation des plantules	Risque de contamination par les sachets en plastique	Sensibilisation et formation des gens de la zone sur la gestion des matières plastiques
	Transformation des feuilles en poudre de Moringa	Risque de contamination du produit	Espace de production contrôlé Mis en place d'un système de contrôle de qualité (innocuité alimentaire)

Table 3 de l'EMPR

#	Description de la mesure d'atténuation	Parti responsable	Méthodes de suivi			Cout estimé	Résultats			Ajustements recommandés
			Indicateurs	Méthodes	Fréquence		Dates du suivi	Problèmes rencontrés	Efficacité de la mesure d'atténuation	
1	Relocalisation du poulailler	FLASSEF	Le poulailler est relocalisé	Observation	1 fois					
2	Entreposage des déchets de la construction dans un espace	FLASSEF/la	Les déchets sont entreposés dans	Observation	3 fois durant la	200 US$				

#	Description de la mesure d'atténuation	Parti responsable	Méthodes de suivi				Résultats			Ajustements recommandés
			Indicateurs	Méthodes	Fréquence	Cout estimé	Dates du suivi	Problèmes rencontrés	Efficacité de la mesure d'atténuation	
	spécifique très éloigné pour ensuite les collecter par le service approprié à cet effet	population	l'espace réservé		construction					
3	Utilisation de bagasses de cannes et nettoyage régulier	FLASSEF/Le comite de gestion du poulailler	Absence d'odeur. Nombre de sacs de bagasses achetés	Observation et analyse des factures	2 fois durant le cycle de production	100 US$				
4	Système d'arrosage régulier par l'eau de la rivière Captage des eaux de pluie a l'aide des toitures des immeubles de la zone	Comite de gestion du poulailler	Les plantules sont bien entretenues. Récipients d'eau collectés	Observation et le nombre de récipients collectes	4 fois durant le cycle	500 US				
5	Sensibilisation et formation des gens de la zone sur la gestion des matières plastiques	FLASSEF	Nombre de personnes sensibilises et formes sur la gestion des matières plastiques	Vérification des modules de formation et les listes de présence	1 fois	1000 $US				
6	Espace de production contrôlé Mis en place d'un système de contrôle de qualité (innocuité alimentaire)	FLASSEF	Les produits respectent les normes de qualité	Résultats des analyses de laboratoire		300				

Remarques sur le travail de groupe :

- Il est primordial non seulement d'identifier les alternatives, mais aussi de les analyser en détail afin de voir leur faisabilité économique, environnementale, etc.

2B. Travail de terrain Atelier 2 – Groupe 2 sur les moyens de subsistance alternatifs/l'agriculture

Description du site

Zone côtière, montagneuse et très sèche, vallée avec un petit système d'irrigation. Végétation composée principalement de plantes xérophytiques. Sol très pauvre impropre à l'agriculture.

Table 2 de l'EMPR

#	Sous-activité ou composante	Description de l'impact potentiel	Mesures d'atténuation recommandées
1	Composante 1 AGROSILVOPASTORAL		
	Étape 1 FORMATION ET SENSIBILISATION POUR LES BENEFICIAIRES	Négligeable	
	Étape 2 IMPLEMENTATION DE L'ACTIVITE (plantation d'arbres, fourrages, et renforcement de la production animale)	-Augmentation de CO_2 -pollution de l'air -Risque de contamination de la zone par la transplantation	- Plantation d'arbres - Achat des plantules dans des pépinières dans de bonnes conditions
2	Composante 2 ECOTOURISME		
	Étape 1 Nettoyage des plages de la zone	-Impact sur le corail - Impact sur les Mangroves	-Gestion des sédiments - Gestion des déchets - Plantation des arbres appropriés aux environs des plages de la zone.
	Étape 2 Formation des bénéficiaires de la zone pour attirer les visiteurs.	Négligeable	

Table 3 de l'EMPR

| # | Description de la mesure d'atténuation | Parti responsable | Méthodes de suivi | | | | Résultats | | | | |
			Indicateurs	Méthodes	Fréquence	Cout estimé	Dates du suivi	Problèmes rencontrés	Efficacité de la mesure d'atténuation	Ajustements recommandés
1	Plantation d'arbres		Nombre d'arbres plantés	Visite de terrain	Trimestriel					
2	Achat des plantules dans des pépinières dans de bonnes conditions		Visite des pépinières	Sélection des pépinières de qualité						
3	Gestion des sédiments Gestion des déchets									
4	Plantation des arbres appropriés aux environs des plages de la zone									

3A. Travail de terrain Atelier 1 – Groupe 3 sur les logements et assainissement

Description du site

Ravine Sèche est un ancien village de Tainos, reconstruit avec l'aide de FFP et le support d'une ONG local FLASSEF. 105 maisons y ont étés construits pour loger 125 familles, ainsi qu'une école primaire, une école vocationnelle, un centre culturel et une pépinière. Les activités économiques de cette communauté incluent des activités de pêche et d'élevage de bétail et de volaille.

Table 2 de l'EMPR

#	Sous-activité ou composante	Description de l'impact potentiel	Mesures d'atténuation recommandées
1	Composante 1 **Le projet impliquera-t-il la construction ou de la réparation d'une structure (bâtiment, barrage de correction, murs, etc.)?**	Risques élevés d'inondation des nouvelles maisons Pollution de l'air et de l'eau de la rivière	Construire loin de la rivière Construire un mur de soutènement Construire des clos dans les lits de rivière Installer un décanteur
2	Composante 2 **Y va-t-il des zones terrestres ou aquatiques potentiellement sensibles, y compris des aires protégées, près du site du projet?**	Pollution de la mer et de la rivière	Prévoir un plan de gestion, de collecte et d'évacuation des déchets générés par la construction
3	Composante 3 **Le projet impliquera-t-il l'usage, ou impliquerait-il des plans pour utiliser ou la formation dans l'usage de n'importe quel produit chimique…….**	Contamination de l'eau et développement de maladies	Travailleurs protégés avec équipement de protection. Une gestion suivant les normes des contenants de produits chimiques.

Table 3 de l'EMPR

#	Description de la mesure d'atténuation	Parti Responsable	Méthodes de suivi				Résultats				Ajustements recommandés
			Indicateurs	Méthodes	Fréquence	Cout estimé	Dates du suivi	Problèmes rencontrés	Efficacité de la mesure d'atténuation		
1	Construire loin de la rivière	FASSEF/FFP	Nombre maisons construites	Visite de terrain	Mensuel	Budget					
2	Construire un mur de soutènement	Firme de construction	Au mètre linéaire	Visite de terrain	Mensuel	Budget					
3	Construire des clos dans les lits de rivière	Firme de construction	Au mètre linéaire	Visite de terrain	Mensuel						
4	Installer un décanteur et l'entretenir	Firme de construction	Présence physique du décanteur	Visite de terrain	Aux 2 semaines						

Remarques sur le travail de groupe :

- Plus l'activité semble avoir un haut risque, plus on doit penser à réaliser une EA. Par exemple, si on parle de la construction de 50 maisons, ceci décrit une activité à grande échelle. Tout développement de maison nécessite un plan d'inondations. Le projet a des impacts permanents. Un projet comme ceci nécessite un EA.
- Si après l'analyse de la table I on a 5 ou 6 cases cochés à haut risque, alors on doit faire une EA.
- Avec les projets de construction on doit savoir d'où viennent les matériaux et s'assurer que leur extraction est faite de manière durable.

3B. Travail de terrain Atelier 2 – Groupe 3 sur les logements et assainissement

Description du site

Terrain aride et imperméable, arbres secs, beaucoup de poussière. Peu de services et activités économiques (pêche, charbon, agricole, élevage). Maisons unifamiliales colorées avec 2 pièces, I latrine, I château pour l'eau. Eau gérée par la DINEPA, un puits asséché, une rivière impropre à la consommation.

Table 2 de l'EMPR

#	Sous-activité ou composante	Description de l'impact potentiel	Mesures d'atténuation recommandées
I	Construire cinquante nouvelles maisons	Augmenter le risque d'inondation pour les nouveaux habitants Augmentation des sédiments au sein de la rivière	Construire les maisons au-dessus du niveau possible d'inondation
	Étape I. Rencontre communautaire	Création de tensions au sein de la communauté	Créer un leadership communautaire
	Étape 2. Sélectionner les terrains de construction	Risque de conflits fonciers Impact sur les maisons en aval Risque de déforestation	Titres de propriété Management des ordures
2	Aménager le système sanitaire du village et des maisons		
	Étape I. Répondre aux besoins de gestion des déchets	Augmentation des déchets	Mise en place d'un comité de gestion des déchets avec horaire de ramassage, augmentation des centres de collecte
	Étape 2. Réaménager le système d'eau potable dans tout le village	Augmentation de la demande en eau potable Risque de contamination et de pollution	Mise en place de système de traitement et de contrôle de l'eau au niveau communal

Table 3 de l'EMPR

#	Description de la mesure d'atténuation	Parti responsable	Méthodes de suivi				Résultats				Ajustements recommandés
			Indicateurs	Méthodes	Fréquence	Cout estimé	Dates du suivi	Problèmes rencontrés	Efficacité de la mesure d'atténuation	
I	Construire les maisons au-dessus du niveau possible d'inondation	Etude initiale de construction	Nombre de mètres au-dessus du niveau de cent ans	Etude topographique	Une seule fois	5000 USD				
2	Management des ordures	Comite de gestion des ordures	Combien de tonnes récoltées	Comptage	mensuelle					

3.14. Session 14: Utilisation des pesticides en Haïti

Format :Présentation technique et dialogue
Facilitatrice : Jeanne Josette Acacha Akoha
Présentateurs: Pierre Guito Laurore et Sanon Dakson lors du premier atelier;
          Pierre Charlemagne et Jason Innovil lors du deuxième atelier

Résumé de la session
- Pas de législation ferme en termes d'utilisation de pesticides en Haïti malgré les effets néfastes sur l'environnement. Problème comme l'entrée dans le pays de pesticides mis à l'index par la cour de Rotterdam.
- Actions réalisées par le pays pour contrer au problème de l'utilisation des pesticides avant-projet de loi sur les pesticides préparé par la Direction de la Protection des Végétaux, un plan de gestion des pestes, inventaire des BIAs, etc.
- Projets en cours : former des techniciens spécialisés en questions de pesticides, inventaire de pesticides dans tout le pays & retrait de tous les pesticides obsolètes du marché national.
- Détails sur la méthode pour faire l'inventaire des pesticides: conception et élaboration de la fiche d'enregistrement, formation des agents recenseurs, enregistrement des BIAs.
- . Présentation de la localisation et répartition des BIAs dans tout le pays.
  - Perspectives du Ministère :
    - Renforcement des capacités des structures de la DPV PS dans la gestion & protection des végétaux
    - Renforcement des capacités des structures départementales sur la gestion des pesticides
    - Organisation de séances de formation pour les usagers (agriculteurs, OCB et ONG) sur la gestion des pesticides
    - Production d'un guide de bonnes pratiques d'utilisation des pesticides (GBPUP)

Points Clés
- Les critères nécessaires à l'installation d'une BIA ont été énoncés.
- Des problématiques liées à l'utilisation des pesticides en Haïti ont été soulignées comme l'utilisation de pesticides pour saler les poissons afin d'éviter la ponte de larves et de mouches (particulièrement dans la zone de Cabaret) ainsi que l'usage de bouteilles d'alcool pour stocker les pesticides puis réutilisation de ces bouteilles vidées, causant l'empoisonnement de personnes. Un autre exemple cité : l'utilisation de Malathion pour la récolte de pois.
- L'importance de faire l'inventaire des pesticides qui rentrent dans le pays en provenance de République Dominicaine a été soulignée, car actuellement ils sont utilisés irrationnellement.
- L'utilisation des pesticides a-t-il vraiment contribué à augmenter la production agricole ?
  - C'est une question difficile à répondre car il faudrait faire une étude qui compare la lutte intégrée et l'utilisation des pesticides pour répondre à la question.
- Le cadre légal Haïtien est toujours inexistant malgré le fait que le Ministère existe depuis 10 ans. Quelles actions le Ministère a-t-il déjà prit en terme de gestion de pesticides ?
  - Entre autres, un plan de gestion des pesticides a été développé et est aussi impliqué dans le contrôle de pesticides mais la capacité est faible et les moyens sont insuffisants.
- Il est important de bien connaître les BIAs ainsi que de leur chiffre d'affaire. I
- Il est très important de prendre en compte la capacité du pays à gérer le produit lorsque l'utilisation d'un pesticide est autorisée ou pas par des pays en développement.

3.15. Session 15: Les rapports PERSUAP et les guides pratiques sur la gestion des pestes

Format : Présentation technique et dialogue
Facilitatrice : Jeanne Josette Acacha Akoha
Présentateur: Abdel Abellard

Résumé:

- Expliquer quelles sont les exigences d'USAID dans l'achat et l'utilisation de pesticides: NDwC et réalisation d'un PERSUAP nécessaire.
- Expliquer qu'est-ce qu'un pesticide et à quels effets ils sont utilisés (bétail, moustiquaires, agriculture, moustiques, etc.).
- Important : concept d'achat et d'utilisation de pesticides est vu au sens large dans le cadre d'USAID: vente, manutention, élimination, octroi de crédit, etc.
- Les engrais: différences avec les pesticides et procédures.
- Présentation de la méthode de lutte intégrée contre les ravageurs.
- Présentation du contenu du PERSUAP : deux parties PER (Pesticide Evaluation Report) & SUAP (Safer Use Action Plan).
- Considérations à prendre en compte lors de l'élaboration d'un PERSUAP: homologation par l'USEPA, disponibilité et méthode d'application du pesticide, disponibilité d'autres mesures de lutte, etc.

Points clés

- Il existe un PERSUAP pour Haïti, réalisé en 2011 que les partenaires peuvent consulter pour toutes les activités impliquant l'utilisation de pesticides. Ce PERSUAP a été élaboré en consultation avec les autorités du pays, y compris le Ministère de l'Agriculture.
- L'usage de pesticides doit être un moyen de dernier recours. Chaque culture est associé un pesticide approprié donc il faut choisir le pesticide spécifique à chaque culture.
- USAID doit prendre autant en compte les lois d'USA ainsi que les lois du pays hôte lors de l'élaboration du PERSUAP, et qu'un pesticide qui n'est pas dans le PERSUAP ne peut être importé, ni utilisé dans des projets financés par USAID.
- Les pesticides utilisés à l'hôtel pour la fumigation journalière.
  - Il faudrait évaluer d'autres alternatives comme l'IPM.
- Est-ce que c'est la politique d'USAID de promouvoir l'utilisation de pesticides ? Car en vérité Haïti n'a pas une utilisation des pesticides très répandue et il y a la possibilité de se focaliser sur la culture biologique.
  - La politique d'USAID est de tout d'abord considérer IPM, et seulement si on n'a pas le choix, on utilise des pesticides.
- L'existence d'une option intermédiaire entre l'agriculture biologique et l'agriculture chimique est importante pour une 'utilisation raisonnée de pesticides.
- Quel est le risque pour la santé de la présence des pesticides dans certains produits.
  - Les pesticides sont des poisons, donc plus on s'y expose, plus il y a des risques pour la santé humaine.

3.16. Session 16: L'Evaluation Environnementale (EA)

Format : Présentation technique et dialogue
Facilitatrice : Jeanne Josette Acacha Akoha

Présentateurs: Rob Clausen et Jeanne Josette Acacha Akoha

Résumé:

- Définition d'une EA et utilisation dans le cadre des projets d'USAID. Description des éléments à évaluer.
- Etapes dans la réalisation d'une EA et description de son contenu :
-Nécessité de présenter des alternatives : identifiez la meilleure alternative &comparez les impacts environnementaux de ces alternatives.
-Décrire l'environnement, les zones affectées & les conséquences environnementales
- Exemple de la réhabilitation du port de Cotonou au Bénin.
- Importance de consulter la population et d'être transparent dans les échanges.
- Nécessité de prioriser : détailler les impacts les plus importants et référencer uniquement les impacts moins importants.
- Nécessité de toujours respecter les procédures du pays hôte.
- Description de l'importance du plan d'atténuation et de suivi.

Points clés

- Quelle est la différence entre l'IEE et l'EA ?
- L'IEE est utilisé au début du projet uniquement et au niveau de la mission; alors que l'EA est beaucoup plus détaillé. L'EA est uniquement nécessaire dans le cas d'une détermination positive (PD) par l'IEE car c'est une étude beaucoup plus approfondie.
- Qu'est ce qui a plus d'importance, l'environnement ou bien les populations humaines?
  - Dans le processus de l'EA, on prend en compte la portée (scoping en anglais) et on doit considérer toutes les alternatives possibles, et les analyser et écouter les populations. L'option de ne pas entreprendre l'activité (c'est-à-dire l'alternative de « No Action ») peut vouloir dire que l'action proposée n'est pas la meilleure option pour la zone ou la problématique donnée, et qu'il est donc nécessaire d'identifier d'autres types d'activités plus appropriées. L'EA est une étape importante car on peut penser que le projet est parfait mais en réalité il va avoir des impacts sur d'autres communautés. Donc grâce à l'EA, on aura un meilleur projet et on est certain qu'on a fait une évaluation suffisante pour garantir la réussite du projet.
- Il est également très important de faire participer la communauté et de tenir compte des avis de tout le monde lors de l'élaboration et la mise en œuvre du projet. La communication avec la population doit commencer dès l'étude de portée. Il faut informer les populations, les impliquer dans le projet et prendre en compte leurs préoccupations, surtout quand une relocalisation est nécessaire.

3.17.   Session 17: Traitement des eaux usées

Format :   Présentation technique et dialogue
Facilitatrice :   Jeanne Josette Acacha
Présentateurs: Chris Frye lors du premier atelier avec soutien d'Abdel Abellard pour la traduction ;
              Jennifer Karsner lors du deuxième atelier

Résumé de la session:

- Définition et différents types d'eaux usées.
- Importance de traiter les eaux usées : pollution, propagation de maladies, raisons esthétiques, etc.
- Description du phénomène d'eutrophisation

- Historique du traitement des eaux usées et des excrétât.
- Description de différents paramètres servant à mesurer la pollution des eaux
- Description des différentes étapes pour le traitement des eaux usées (primaire, secondaire).
- Exemple d'une conception de maison avec assainissement durable en Indonésie. Présentation d'une vidéo qui montre les maisons et les systèmes construits.

Points clés:

- L'eau de pluie est-il contaminée avec des polluants de l'air etc. ?
  - Cela dépend de l'endroit, par exemple dans les villes industrielles, l'eau est effectivement contaminée avec tout ce qu'il y a dans l'air.
- Est-ce que l'on peut appliquer directement les excréments humains comme fertilisant sur les cultures ?
  - Non. Les excréments humains doivent d'abord être traités afin d'éliminer les pathogènes avant de les utiliser comme fertilisant.
- Une étude sur l'emplacement d'une zone humide doit être faite avant sa construction. Généralement, l'endroit le plus bas de la ville est choisi car sinon les coûts sont supérieurs.
- Il est très important de considérer les questions d'assainissement avant le début de projets de développement.
- Y-a-t'il des problèmes liés à la décharge des eaux usés dans l'océan après traitement ?
  - Oui, il y'a même eu un grand scandale à New Jersey, lorsque des déchets qui avaient étés déchargés dans l'océan (seringues, médicaments, etc.), on réapparut sur les plages de la ville Américaine.
- Les raisons derrière la pollution beaucoup plus élevée en Amérique du Nord qu'en Europe malgré des lois plus strictes incluent : un plus grand volume de déchets générés, une plus grande population, les habitudes alimentaires, la culture, la démographie, l'obésité etc.

3.18. Session 18: Visite de terrain 4

Format: Travail de groupe

Objectifs:
Créer et pratiquer les compétences de l'analyse environnementale et comprendre les principes de l'élaboration d'une EA apprises au cours de la quatrième journée à travers une visite de terrain suivie par du travail en groupe pour élaborer un exercice 'cadre EA' et (1) déterminer les besoins que le projet cherchait à combler (2) décrire les activités mises en œuvre et les problèmes encourus, et (3) décrire et analyser les alternatives au projet existant.

Sites visités:
- La route Fond Baptiste
- Le site de logements DLA 1.5
- Une Boutique d'Intrants Agricoles (BIA) de WINNER
- Le projet d'irrigation sur la rivière Torcelle.

IA.   Travail de terrain Atelier I – Groupe I sur la route Fond Baptiste

Description du site

Réhabilitation de la route de Fonds-Baptiste qui s'étend sur 17.2km Début du projet en 2015. Financé par WINNER/USAID. La localité de Fonds-Baptiste a une potentialité agricole dans la culture d'haricots, café, maïs et l'élevage de porcs.

Besoins que le projet cherche à combler
- Faciliter l'accès à la localité de Fonds-Baptiste dans le cadre des échanges commerciaux avec les localités avoisinantes.

Activités mises en œuvre
- En 2011 une intervention dans le cadre du projet WINNER a été faite pour améliorer l'accès à la communauté de Fonds-Baptiste
- Problèmes encourus :
    - Non implication de la communauté dans la planification du projet
    - Manque de moyen d'entretien de la route
    - Détérioration de l'environnement (érosion, éboulement, déforestation)
    - Manque de collaboration avec le Gouvernement
    - Manque de données sur la situation socio-économique de la zone (revenus, nombre d'habitants, services médicaux, etc.)

Alternatives
- Construire la route (au lieu de la réhabiliter)
- Construire une autre route d'accès (vers RN1)
- Réhabiliter l'autre tracée menant à Montrouis
- Relocalisation de la communauté de Fonds-Baptiste
- Aucune Action

Remarque sur le travail de groupe :
- Envisager une nouvelle approche pour la réalisation des projets: du bas vers le haut, donc les communautés pourrait débuter leur projets et puis aller chercher l'appui des organisations et non pas le sens inverse.
- Important de trouver des matériaux locaux pour faire la réhabilitation. Si on a le matériel sur le site c'est une mesure de mitigation de les prendre sur place.
- Reconstruire une route coutera forcément plus cher, en tout cas sur le plan environnemental.

I B.   Travail de terrain Atelier 2 – Groupe I sur la route Fond Baptiste

Besoins que le projet cherche à combler
- L'accès au marché (Williamson, Arcahaie, Montrouis)
- Augmentation de la production agricole
- Réduction des pertes post-récolte
- Accès aux soins santé, au service Social, à l'éducation

Activités mises en œuvre
- L'intervention sur la route pour permettre l'accès aux camions de transport
- Problèmes encourus : Eboulement de terrain, canaux d'irrigation bloqués, canaux de drainage bloqués par un manque de participation de la main d'œuvre locale, le choix des matériaux, une pente trop raide.

Alternatives

- Stabiliser le sol
- Drainage avec des exutoires plus fréquents
- Corriger le talus
- Etablir une végétation adaptée avec des plantes locales
- Etablir un système de digue pour diminuer le dynamisme de l'eau
- Traiter les « thalweg »
- Implémenter des mesures de contrôle de la déforestation

2A. Travail de terrain Atelier 1 – Groupe 2 sur le site de logements DLA 1.5

Alternatives
- Construire un site similaire avec les changements suivants :
  - Plus d'espace vert
  - Changement de localisation de l'école
  - Construction sur un site avec faible dénivellation
  - Plus de sensibilisation sur les eaux usées
  - Citerne a eau pendant la construction pour l'arrosage
  - Rideaux de protection si il y a des voisinages
  - Plus de protection pour les inondations
- Donner de l'argent en espèce comme stratégie de relocalisation
- Alternative de "No Action"
- Proposition de construction d'un site similaire parce que les témoignages recueillis sont favorables
- L'alternative de donner de l'argent cash au gens aurait les impacts suivants:
  - Construction ou rénovation anarchique (pas selon les codes de construction
  - Risque d'utilisation à d'autres fins

Remarques sur le travail de groupe :
- Il est important de donner une énergie alternative au charbon aux habitants.

2B. Travail de terrain Atelier 2 – Groupe 2 sur le site de logements DLA 1.5

Brève description du site

Localisé à Cabaret, sur la route nationale #1, Station de Tap-Tap à proximité. Superficie de 4.37 hectares de terrain appartenant au GoH avec 156 maisonnettes. En tout, 1020 habitants sur le site. Les routes sont pavées avec des trottoirs et les maisons sont accessibles pour les personnes handicapées. La construction d'une école est prévue avec un espace vert et un espace commercial.

Besoins que le projet cherche à combler
- Logement /abris à long terme pour des victimes du séisme
- Accès aux services de base (eau potable, électricité, assainissement)
- Sécurité "foncière"/Droit de jouissance à long terme
- Amélioration de la gestion des ressources naturelles (eau en particulier)

Activités mises en œuvre
- Sélection d'un site approprié (à proximité de transport, travail, écoles, services médicaux)
- Sélection des bénéficiaires

- Implication de la communauté (bénéficiaires et communauté avoisinante du site sur l'évaluation de leurs besoins)
- Construction d'une "communauté" (habitat humain et développement communautaire)
- Maisonnettes résistantes aux intempéries et pouvant être agrandies
- Construction de toilettes modernes et fosses septiques pour chaque maisonnette
- Création d'un système durable de captage et distribution d'eau dont se bénéficie la communauté avoisinante
- Sensibilisation des bénéficiaires sur l'utilisation et la gestion de l'eau et des déchets
- Installation d'un système de drainage pour protéger la communauté et supporter l'irrigation des communautés avoisinantes
- Développement d'un système d'urgences (incendies, inondations, séismes, tempêtes)
- Problèmes encourus : manque d'arbres pour créer de l'ombrage, difficulté du terrain sur le site sélectionné (mauvaise qualité du sol érodé, terrain en pente, extrême sècheresse), certaines familles s'étaient déjà établies sur le terrain qui appartient à l'état, difficulté à trouver accès à l'eau potable.

Alternatives

- Inclure un maximum de sylviculture urbaine
- Inclure un programme de compostage pour chaque maison afin d'améliorer leur sol
- S'assurer que les entrées des maisons soient en face les unes des autres
- Planifier un plus grand espace vert par maison

3A. Travail de terrain Atelier 1 – Groupe 3 sur la boutique BIA

Observations

- La boutique avait bien reçu toutes les directives et procédures relatives à l'utilisation des pesticides
- Personnel bien informé sur les procédures
- Affichage d'un guide d'utilisation
- Liste des pesticides autorisés dans le PERSUAP
- Entreposage des sacs de semences sur palettes
- Disponibilité des matériels de protections (gants, masques, bottes, etc.)

Exercice sur projet hypothétique de construction d'une BIA près de la rivière Torcelle

- Recommandations :
    - Meilleure gestion des stocks, basée sur les produits les plus demandés par les planteurs, pour éviter les ruptures de stock et l'expiration des produits.
    - Assurer un meilleur suivi/contrôle des autorités pour prévenir la vente de produits périmés
    - Assurer un bon inventaire des produits vendus à chaque planteur par saison
    - Contrôle des dispositions d'élimination des déchets.
    - Plan de fonctionnement qui s'oriente vers l'autonomie dans l'approvisionnement et la gestion d'intrants

3B.   Travail de terrain Atelier 2 – Groupe 3 sur la boutique BIA

Description du site

La boutique appartient à une association de planteurs gérée par un comité de cinq membres issus du comité exécutif d'ATAIB. Elle a été subventionnée pendant 4 ans pour les campagnes agricoles afin de permettre aux agriculteurs d'accéder aux intrants à un prix abordable.

Observations

- BIA avec des étagères et une fenêtre
- Intrants : engrais, pesticides, outils et équipements agricoles approuvés par le PERSUAP
- Produits bien étiquetés et bien emballés
- Affiche informative sur le mode d'utilisation
- Matériels de protection disponible : bottes, lunettes et blouses
- Pas de système de gestion et d'élimination des produits expirés

Exercice sur projet hypothétique de construction d'une BIA près de la rivière Torcelle

- Impacts:
  - Risques de contamination par l'absence d'un système de gestion et d'élimination des produits expirés
  - Risque de contamination des utilisateurs de pesticides
  - Utilisation abusive des produits
- Recommandations:
  - Système de gestion et d'élimination des produits expirés selon les mesures recommandées par l'USAID/ PERSUAP.
  - Vulgarisation, sensibilisation, vente d'équipement de protection
  - Respect du dosage

Suivi

Mesures d'atténuation	Indicateurs	Fréquences	Responsable
Système de gestion des produits expirés	Nombre de produits expirés collectés et détruits	Trimestrielle	Le gérant de la BIA
Vulgarisation, sensibilisation, vente d'équipement de protection	Nombre de personnes formées et d'équipements vendus	Au début de chaque campagne de production	Le PV
Respect du dosage	Enquête	Après chaque campagne de production	Association des paysans

Remarque: Aucun des groupe n'a pas pu évaluer correctement la bonne application des procédures en place, à cause de l'absence totale de pesticides lors de leurs visites. Les BIAs leur a informé que tous les pesticides étaient périmés et avaient été retirés par WINNER

4A.   Travail de terrain Atelier I – Groupe 4 sur le projet d'irrigation sur la rivière Torcelle

Besoins que le projet cherche à combler

- Irrigation d'une superficie de 1100 ha
- Protection des berges de la rivière contre l'érosion
- Protection des plaines productives et de la population contre les inondations

Activités mises en œuvre

- Mise en place d'un système d'irrigation
  - Barrage
  - Porte et bassin de sédimentation
  - Canal tête morte en maçonnerie
  - Canal en terre (prises artisanales)
  - Mur de soutènement en maçonnerie pour la protection du barrage
- Mise en place de murs en gabion (sur certaines sections) pour la protection des berges de la rivière contre l'érosion et la protection du system d'irrigation (de canaux sont construits le long de la rivière)
- Mise en place de murs en gabion pour la protection de terre cultivables contre les inondations

Alternatives

- Alternative zéro action :
  - Planification d'exécution des activités techniques par une firme d'ingénierie
  - Résistance de population qui a proposé d'utiliser la méthode « cash for work » (délinquance et effet sur le budget)
  - Protestation des gens en aval qui utilisent l'eau pour irriguer 1500 ha à travers un autre system d'irrigation
  - Choix entre exécuter le projet suivant la méthode « cash for work » et ne pas l'exécuter
  - Ne pas exécuter le projet aurait des conséquences négatives sur la condition des potentiels bénéficiaires
  - Option finalement rejetée
- Déviation du lit actuel de la rivière :
  - Le lit naturel de la rivière a été dévié lors des inondations de 2008
  - Discussion sur l'implantation du barrage dans un endroit idéal permettant d'assurer sa survie lors des crues
  - Possibilité pour la rivière d'emprunter à nouveau son ancien lit en cas de crue majeure
  - Le lit actuel fait partie des méandres et ne parait pas constituer la seule alternative en cas de crue majeure
  - Les travaux additionnels pour forcer la rivière à emprunter son ancien lit sont plus importants que ceux nécessaires pour renforcer le lit actuel (digue en terre d'envergure + structure de renforcement vs renforcement de la digue naturelle créée lors des crues de 2008)
  - Risque élevé de déstabilisation de l'ouvrage à mettre en place vu la direction du cours d'eau et le changement de direction (plus aigu que la situation actuelle)
  - Option finalement abandonnée

Remarques sur le travail de groupe :

- La consultation du public est capitale, à toutes les étapes. On doit prendre en compte les désirs et les besoins des populations et cela se fait toujours au travers de la participation publique. De plus, la participation publique permet la durabilité à long terme puisque ils deviennent propriétaires des installations, maisons, etc. et par la suite vont s'impliquer dans l'entretien des éléments.

4B. Travail de terrain Atelier 2 – Groupe 4 sur le projet d'irrigation sur la rivière Torcelle

Description du projet

Programme Ftf-West/WINNER qui a réalisé du gabionnage (6000 m³ de gabions) avec des pierres récoltées dans le lit de la rivière et formation de murs, protection des berges et des habitations. Participation communautaire (récolte des pierres) au cours de la réalisation du projet. De plus, projet d'irrigation avec captage de la rivière (+/- 10% du flux) pour 1100 hectares de terres irriguées permettant l'augmentation de la production. Gestion communautaire du projet. Le gabionnage protège également les zones irriguées.

Besoins que le projet cherche à combler
- Crues très importantes de la rivière (flash flood), érosion des berges, inondations des terres cultivables. Cycle érosion/crue/sécheresse
- Coupes d'arbres importantes
- Victimes au sein du village (2008)
- Besoin d'augmentation du revenu et d'amélioration des systèmes de production
- Systèmes d'eau potable en panne

Alternatives
- Améliorer l'emplacement de certains gabions qui est inadéquat
- Conserver les zones d'atténuation des inondations
- Sensibilisation sur la déforestation/ Coordination avec la plantation d'arbres
- Combiner avec un projet de potabilisation de l'eau
- Ajouter des analyses de qualité d'eau pour l'irrigation
- Meilleure durabilité de la gestion en général (présence étatique en cas de conflit)

3.19. Session 19: Le genre et l'environnement

Format : Présentation technique et Dialogue
Facilitatrice: Mercy Nange
Présentatrice: Jeanne Josette Acacha

Résumé de la session
- Qu'est-ce que le genre? Illustration avec des images d'Haïti et focus sur la question sociale associée au genre.
- Quelques données sur l'inégalité de genre au travers d'un quiz : 70% des personnes en pauvreté extrême sont des femmes et des filles, seulement 1% des propriétés foncières mondiales appartiennent aux femmes, etc.
- Buts du travail de genre : donner autant d'opportunités aux hommes qu'aux femmes.
- Discussion sur les rôles différents des hommes et des femmes et les raisons de cette différence. Besoins différents selon le genre qu'il faut considérer dans le cadre des projets et écouter tant les hommes que les femmes.
- Outils de prise en compte du genre dans l'évaluation environnementale: déterminer les rôles dans un projet; se poser les questions qui permettent de prendre en compte le genre dans les

objectifs, dans les indicateurs ; travailler avec des experts en genre; développer des mesures pour favoriser la participation des femmes, etc.
- L'importance du genre dans la politique d'USAID.

Remarque : lors du deuxième atelier cette session a été présentée le deuxième jour (mardi).

Points clés

- Pourquoi parle-t-on toujours des problèmes de genre par rapport à la femme.
  - Parce que la plupart des désavantages sont liés aux femmes. Mais qu'il faut également travailler avec les hommes afin d'arriver à l'égalité.
- Les outils qu'on peut utiliser les problèmes du genre et la compréhension de ces outils au niveau des populations locales est très important.
- Les liens entre l'absence de l'homme dans la famille et la délinquance/
- Les inégalités entre les femmes et les hommes empêchent de trouver des solutions au niveau environnemental.
- La problématique du quota de femmes dans les projets de développement d'USAID : Il faut garder en tête que même si le quota a été remplit, cela ne signifie pas que l'égalité genre a été respectée.

3.20. Session 20: FAA 118/119 & Conformité environnementale : rôles, responsabilités, rapports et ressources

Format : Présentation technique et Dialogue
Facilitatrice: Jeanne Josette Acacha
Présentateur: Rob Clausen

Résumé de la session
- Bref explication des rôles et responsabilités au sein d'USAID en ce qui concerne la conformité environnementale
- Lois d'USAID concernant la biodiversité : rapports FAA 118/119.

4. ANNEXES A

USAID/HAITI
ATELIER DE REGULATION ET DE CONFORMITE ENVIRONNEMENTALE
Montrouis, Haïti
Du 3 au 7 février 2014
Et du
10 au 14 février 2014

Activités clés:

Jour 1. Introduction à la gestion environnementale, le contexte Haïtien, et la conformité environnementale avec visites de terrain

Jour 2. Présentations spéciales: eau et santé avec visites de terrain

Jour 3. EMPR avec visites de terrain

Jour 4. Présentations spéciales, conception du cadre EA et suivi des PERSUAPs avec visites de terrain

Jour 5. Présentations spéciales, lectures de groupe EA et PERSUAP, cérémonie de clôture

Jour/Heure	Module	Présentateurs et Facilitateurs
Jour 0 **Dimanche** 17:00 19:00	 Arrivée des participants Diner	
Jour 1 **Lundi**	**Introduction à la gestion environnementale, le contexte Haïtien, et la conformité environnementale avec des visites de terrain**	
8 :30-8 :45	Enregistrement des participants	
8 :45-9 :00	Discours d'ouverture	Mark White et John Groarke (USAID)
9 :00-9 :45	**Introduction:** vidéo, introduction des participants, objectifs de l'atelier, logistique, questions	Mercy Nange (SMTN) et Jeanne Josette Acacha Akoha (SMTN)
9:45-10:30	Court historique de la gestion environnementale et raisons pour lesquelles les considérations environnementales sont critiques au travail de développement	Jeanne Josette Acacha Akoha (SMTN)
10 :30-10 :45	Pause-café	
10 :45-11 :30	**Présentation spéciale et discussion de groupe** 1:L'environnement en Haïti	Lucienna Exil (MDE)
11:30-12:30	Procédures environnementales d'USAID et outils (IEE, EMPR, EA, etc.)	Abdel Abellard (USAID)

12:30-13:15	Repas de midi	
13:15-13 :30	Vue d'ensemble des visites de terrain de l'atelier	Luz Cervantes (SMTN) et Mercy Nange (SMTN)
13:30-15:00	**Visites de terrain:** hôtel et musée	Manus McCaffery (SMTN), Luz Cervantes (SMTN) et Nazaire St. Fort (SMTN)
15:00-16:00 (pause-café à volonté)	**Travail en groupe** – Evaluation des principaux problèmes et des alternatives potentielles	Groupes de travail
16:00-17:00	**Lecture de groupe** du travail de terrain du jour 1	Jeanne Josette Acacha Akoha (SMTN)
19:00	Diner	
Jour 2 Mardi	**Présentations spéciales: Eau et santé avec visites de terrain**	
8 :30-8 :35	**Récapitulation du 1er jour**	Participants
8 :35-9 :15	**Présentation spéciale 2:**Qualité de l'eau	Justin Casimir (UEH)
9 :15-10 :30	**Présentation spéciale 3:** Gestion de déchets médicaux	Anne Eudes Jean-Baptiste (CDC)
10 :30-10:45	Pause-café	
10 :45-11 :30	**Présentation spéciale:**Genre et environnement	Jeanne Josette Acacha Akoha (SMTN)
11 :30-11 :45	**Visite de terrain 2a :** Information sur la visite de terrain	Mercy Nange (SMTN), Nazaire St. Fort (SMTN), Manus McCaffery (SMTN), Jeanne Josette Acacha Akoha (SMTN) et Luz Cervantes (SMTN)
11 :45-13 :30	**Visite de terrain 2b :** Hôpitaux avec arrêt au site CRDD	Mercy Nange (SMTN), Nazaire St. Fort (SMTN), Manus McCaffery (SMTN), Jeanne Josette Acacha Akoha (SMTN) et Luz Cervantes (SMTN)
13 :30-14 :15	Repas de midi	
14 :15-16:00 (pause-café à volonté)	**Travail en groupe-** Evaluation des principaux problèmes et des alternatives et actions recommandées	Groupes de travail
16:00-17:00	**Lecture de groupe** du travail de terrain du jour 2	Jeanne Josette Acacha Akoha (SMTN),
19:00	Diner	
Jour 3 Mercredi	**EMPR avec visite de sites**	
8 :30-8 :35	**Récapitulation du 2ème jour**	

8 :35-9 :15	**Présentation spéciale 5:** Implications du changement climatique pour l'agriculture et la gestion des ressources naturelles	Ron Savage (USAID)
9 :15-10 :00	EMPR	Abdel Abellard (USAID)
10 :00-10 :15	Pause-café	
10 :15-11 :15	**Présentations spéciales:** -Les Zones Humides - GIS comme outil de développement	Anna Brenes (USAID) et Jennifer Karsner (USAID)
11 :15-11 :30	**Visite de terrain 3a:** Information sur la visite de terrain à Ravine Sèche	Mercy Nange (SMTN), Nazaire St. Fort (SMTN), Manus McCaffery (SMTN), Jeanne Josette Acacha Akoha (SMTN) et Luz Cervantes (SMTN)
11 :30-14 :00	**Visite de terrain 3b:** Village de Ravine Sèche **Études de cas :** <ul><li>communauté de pêcheurs</li><li>autres moyens de subsistance/agriculture</li><li>développement de logements/assainissement</li></ul>	Mercy Nange (SMTN), Nazaire St. Fort (SMTN), Manus McCaffery (SMTN), Jeanne Josette Acacha Akoha (SMTN) et Luz Cervantes (SMTN)
14 :00-14 :45	Repas de midi	
14 :45-16 :00 (pause-café à volonté)	**Travail en groupe –** Développement d'EMPR avec l'emphase sur 3 thèmes : communauté de pêcheurs, autres moyens de subsistance/agriculture, et développement de logements/assainissement	Groupes de travail
16:00-17 :00	**Lecture de groupe** du travail de terrain du jour 3	Jeanne Josette Acacha Akoha (SMTN)
19:00	Diner	
Jour 4 Jeudi	**Présentations spéciales, conception du cadre EA et suivi des PERSUAPs avec visites de terrain**	
8 :30-8 :35	**Récapitulation du 3ème jour**	
8 :35-9 :15	**Présentation spéciale:** Usage de pesticides en Haïti	Guito Laurore (MARNDR), Sanon Dakson (MARNDR), Jasson Innovil (MARNDR)
9 :15 :10 :00	**Préparation pour le terrain:** Rapport d'Evaluation des	Robert Clausen (USAID) et Abdel Abellard (USAID)

	Pesticides et Plan d'Action pour un Usage Plus Sûr (PERSUAP)	
10 :00-10 :45	**Préparation pour le terrain :** EA en tant qu'outil d'évaluation	Jeanne Josette Acacha Akoha (SMTN), Robert Clausen (USAID) et Abdel Abellard (USAID)
10 :45-11 :00	Pause-café	
11 :00-11 :45	**Présentation spéciale:** Traitement d'eaux usées et gestion d'eaux de pluies	Jennifer Karsner (USAID)
11 :45-12 :00	**Visite de terrain 4a :** Information sur la visite de terrain	Mercy Nange (SMTN), Nazaire St. Fort (SMTN), Manus McCaffery (SMTN), Jeanne Josette Acacha Akoha (SMTN) et Luz Cervantes (SMTN)
12 :00-13 :00	Repas de Midi	
13 :00-15 :30	**Visites de terrain 4b:** • Boutique de pesticides (site potentiel) • Irrigation sur la Rivière Torcelle • Route Fond Baptiste • Site de développement de logements – DLA 1.5	Mercy Nange (SMTN), Nazaire St. Fort (SMTN), Manus McCaffery (SMTN), Jeanne Josette Acacha Akoha (SMTN) et Luz Cervantes (SMTN)
15:30-17 :00 (Pause-café à volonté)	**Travail en groupe** – Cadre EA et Suivi PERSUAP	Groupes de travail
19 :00	Evénement de la soirée	
Jour 5 Vendredi	**Présentations spéciales, lectures de groupe EA et PERSUAP et cérémonie de clôture**	
8 :30-10 :30	**Lecture de groupe** du travail de terrain du jour 4	Jeanne Josette Acacha Akoha (SMTN)
10 :30-10 :45	Pause-café	
10 :45-11 :15	**Présentation spéciale:** FAA 118/119 Conformité: Rôles et responsabilités environnementales du personnel d'USAID/Haïti (ADS)	Rob Clausen (USAID)
11 :15-11 :30	Evaluation de l'atelier	Participants
11:30-12:00	Cérémonie de clôture	Conclusion de l'atelier et distribution des diplômes
12:00	Repas de midi	

Spécialistes en ressources pour le soutien concernant le matériel de l'atelier :
Rob Clausen, USAID/Haïti MEO

Abdel Abellard, USAID/Haïti DMEO

4.3.   Évaluations des ateliers

Les participants ont été invités à compléter une évaluation honnête et franche à la fin de l'atelier. À travers de ces évaluations, les participants ont jugé la qualité globale de cette formation ainsi que de chaque séance individuelle. En outre, cette évaluation a permis aux participants de suggérer des points d'amélioration qui pourraient être incorporés dans les ateliers futurs.

En général, les participants des deux ateliers ont exprimé une croissance en connaissances et une détermination à incorporer des considérations environnementales et des régulations de l'USAID dans les projets de développement. Ils se sentaient motivés et enthousiastes pour partager cette information sur les régulations environnementales avec leurs collègues. Bien que les participants du premier atelier soient contents avec la facilitation et le niveau technique de l'événement, ils auraient préféré d'avoir plus de disponibilité des présentateurs et facilitateurs pour répondre aux questions et doutes. Ils ont aussi exprimé un besoin d'une meilleure orientation aux exercices et au travail en groupe dans la salle de conférence.

D'autre part, les participants du deuxième atelier auraient aussi apprécié avoir reçu plus de guidance des facilitateurs pendant les visites au terrain et ont exprimé une envie de passer plus de temps sur le terrain. Il y avait des participants des deux ateliers qui ont noté des mots de remerciement vers les facilitateurs pour leurs bonnes présentations et visites au terrain appropriées.

Globalement, les participants étaient satisfaits avec l'initiative de renforcement des capacités et avec les connaissances et l'expérience obtenues. La matrice ci-dessous montre les résultats moyens sur les différentes composantes de l'atelier. Les participants ont évalués l'atelier de quatre jours sur une échelle de 1 à 5, 5 étant le plus favorable.

Évaluation Générale du Premier Atelier	Total
Qualité du contenu technique des présentations	3.77
Facilitation globale de l'atelier	3.39
Logistiques	3.03
Lieu de l'atelier	3.87
Visites de terrain	3.81

Évaluation Générale du Second Atelier	Total
Qualité du contenu technique des présentations	3.85
Facilitation globale de l'atelier	4.00
Logistiques	3.94
Lieu de l'atelier	3.73
Visites de terrain	3.79

Les tableaux dans l'Annexe B de ce rapport montrent les résultats sur les composantes différentes des deux ateliers.

4.4. Photos de l'atelier

4.5. **Attestation de la neutralité en carbone de l'évènement**

5. ANNEXE B

5.1. ÉVALUATION DES ATELIERS

Atelier 1 :

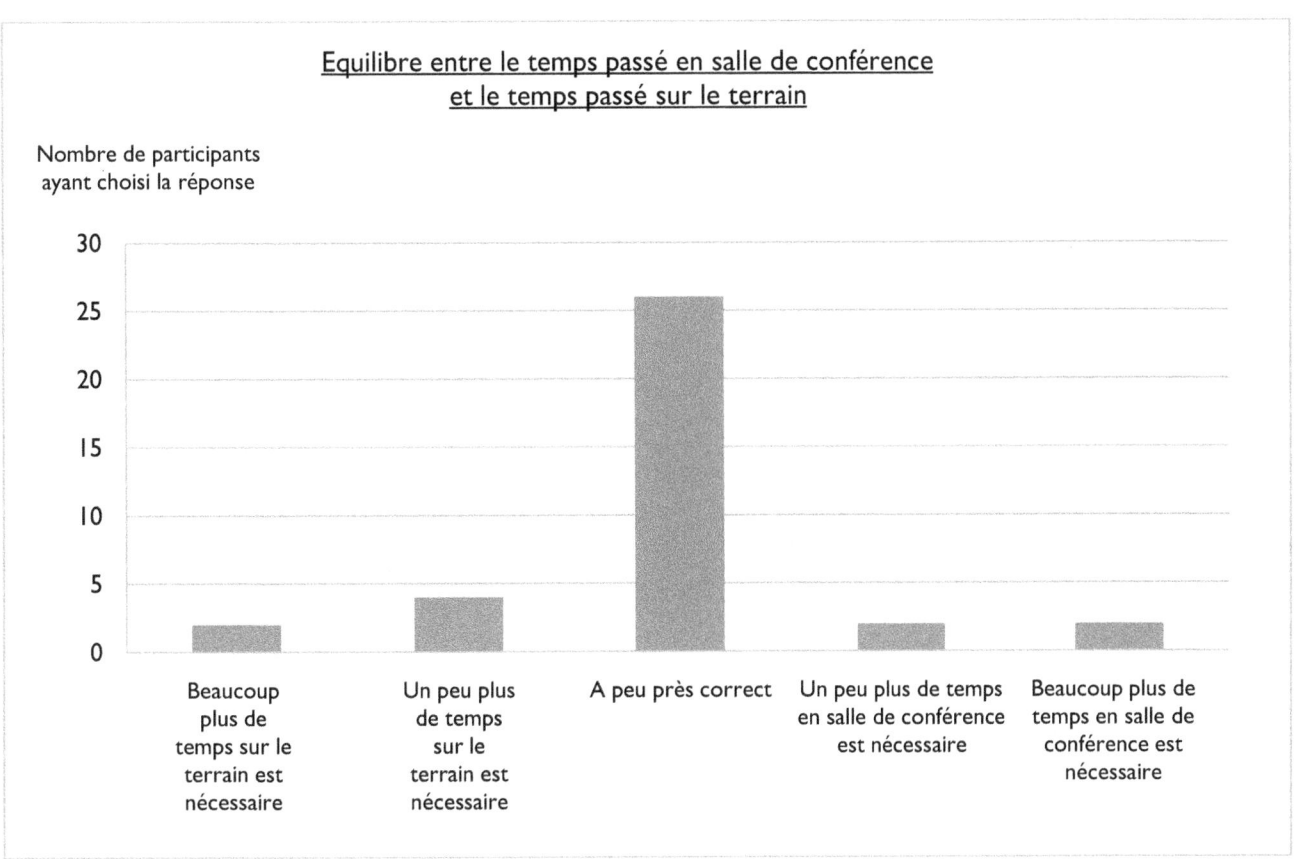

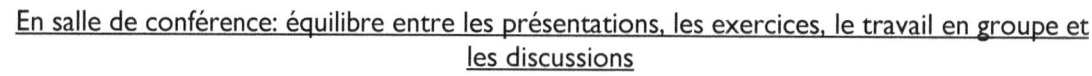

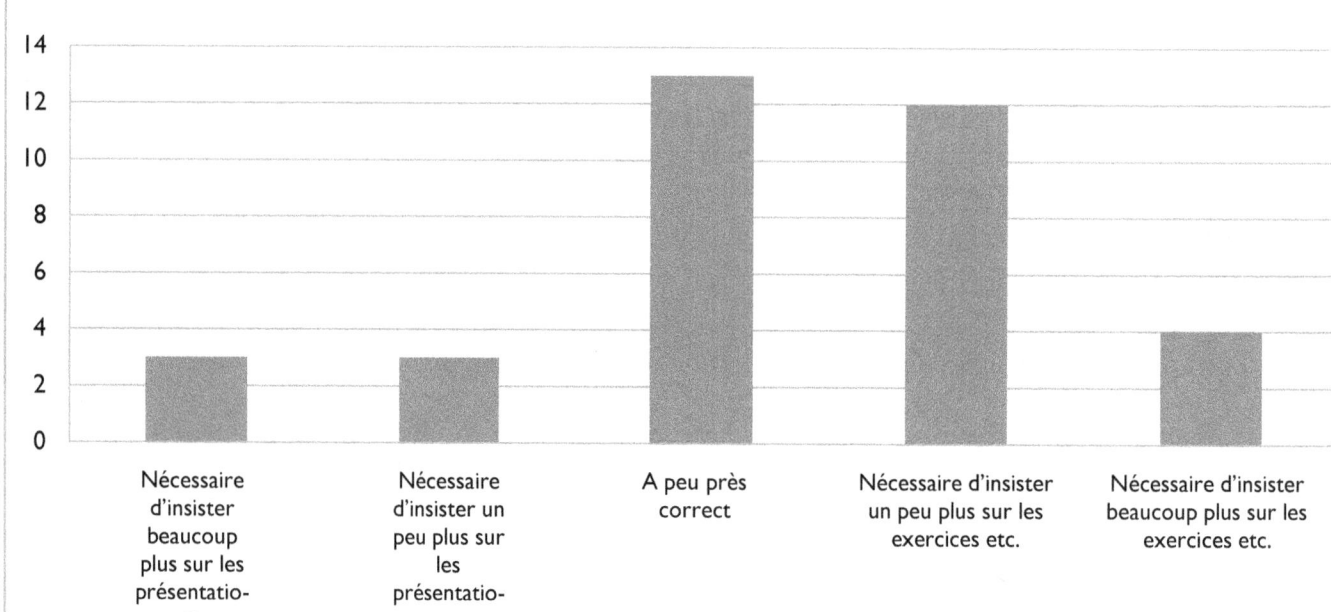

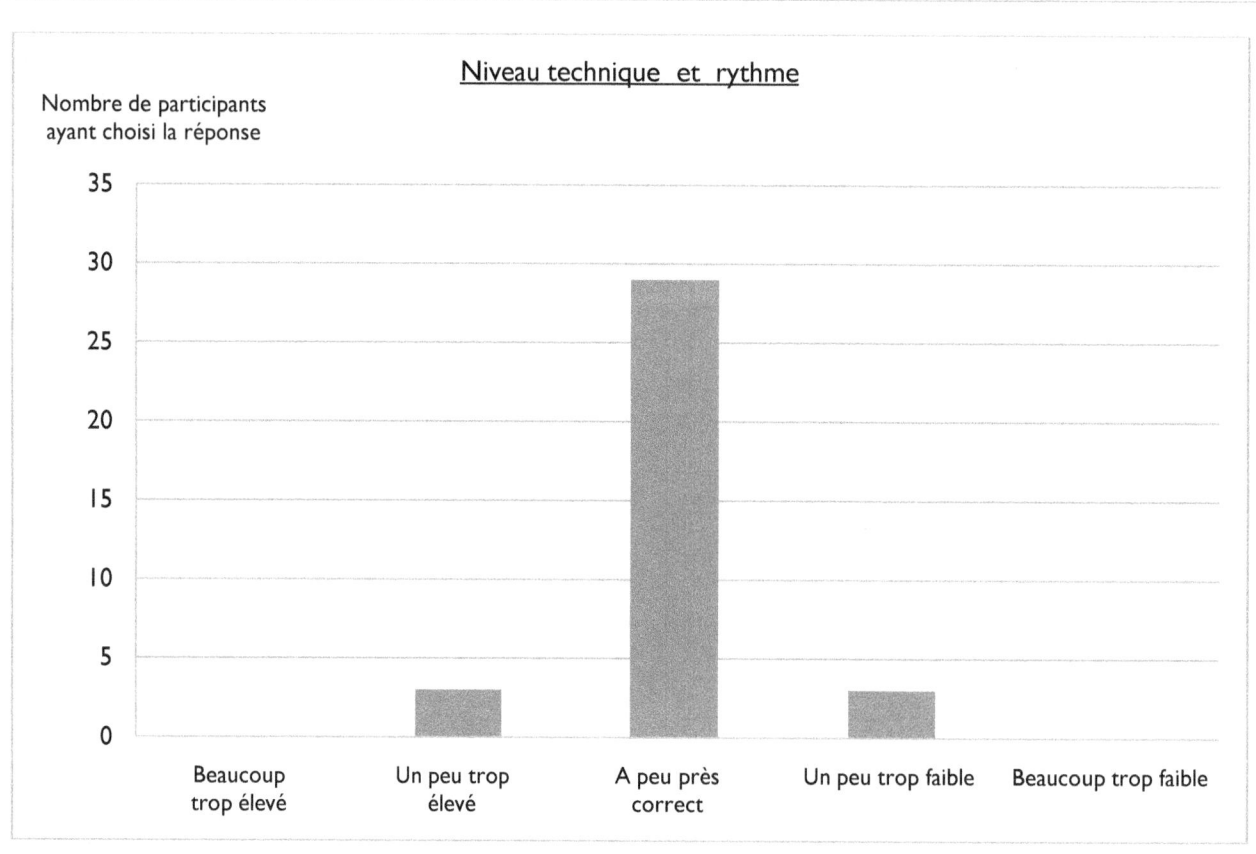

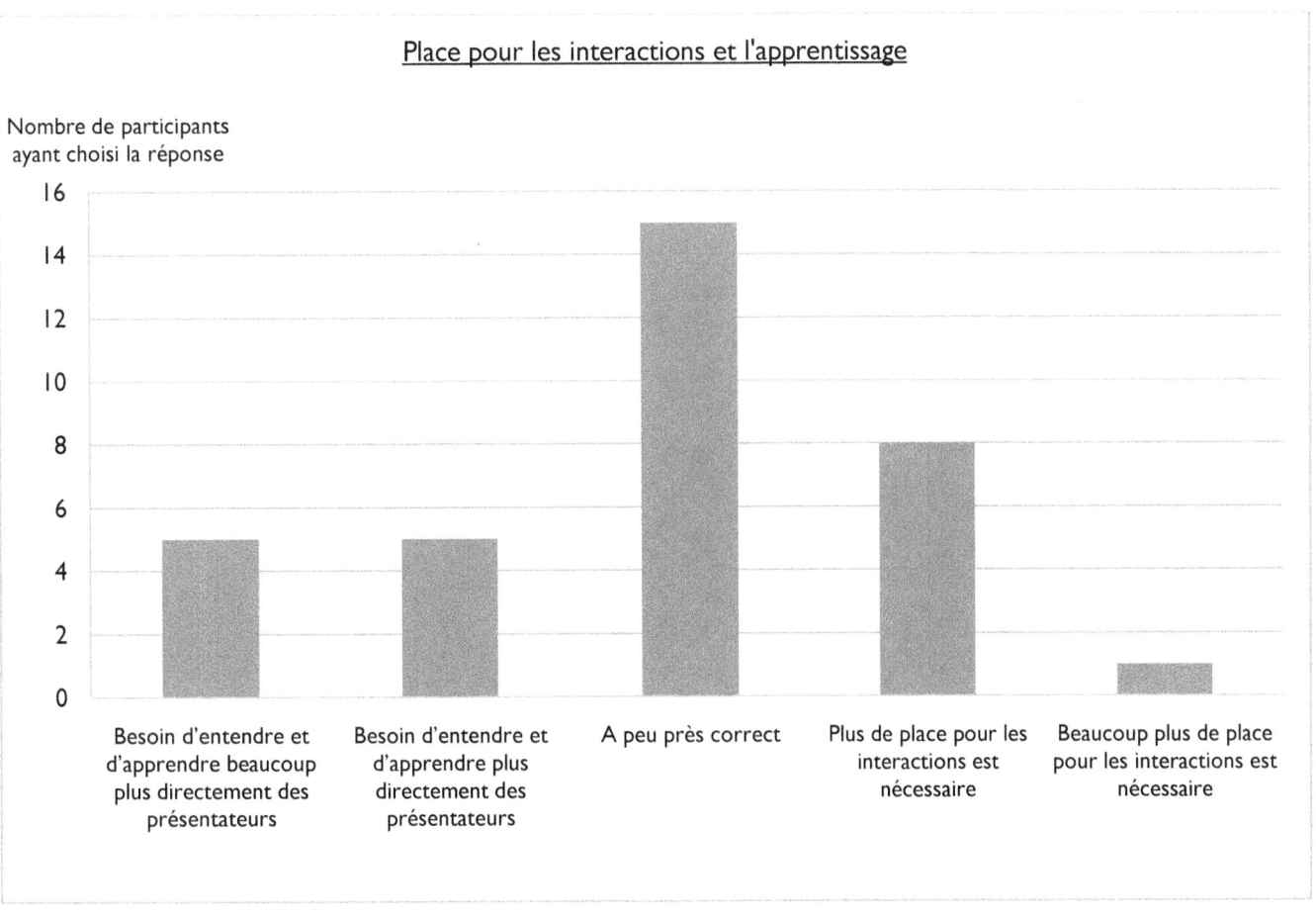

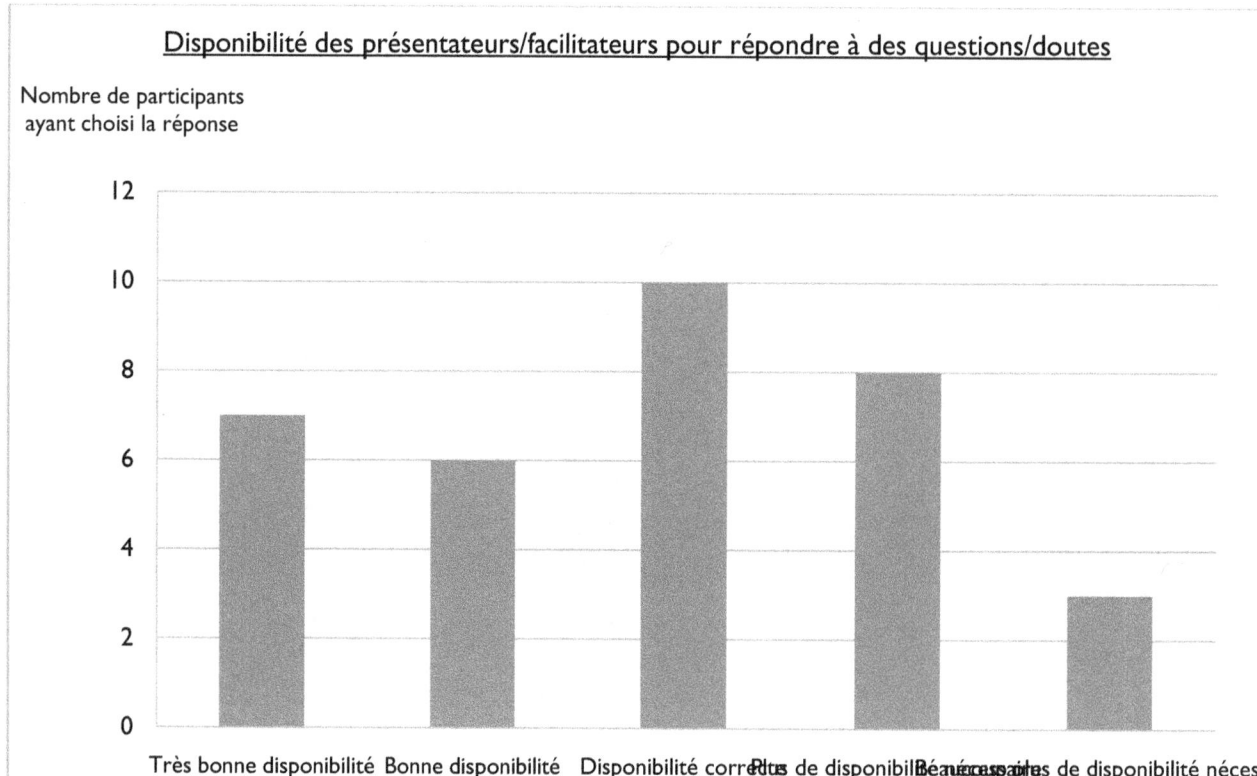

Disponibilité des présentateurs/facilitateurs pour répondre à des questions/doutes

Nombre de participants
ayant choisi la réponse

Très bonne disponibilité Bonne disponibilité Disponibilité correcte Plus de disponibilité nécessaire Beaucoup plus de disponibilité néces...

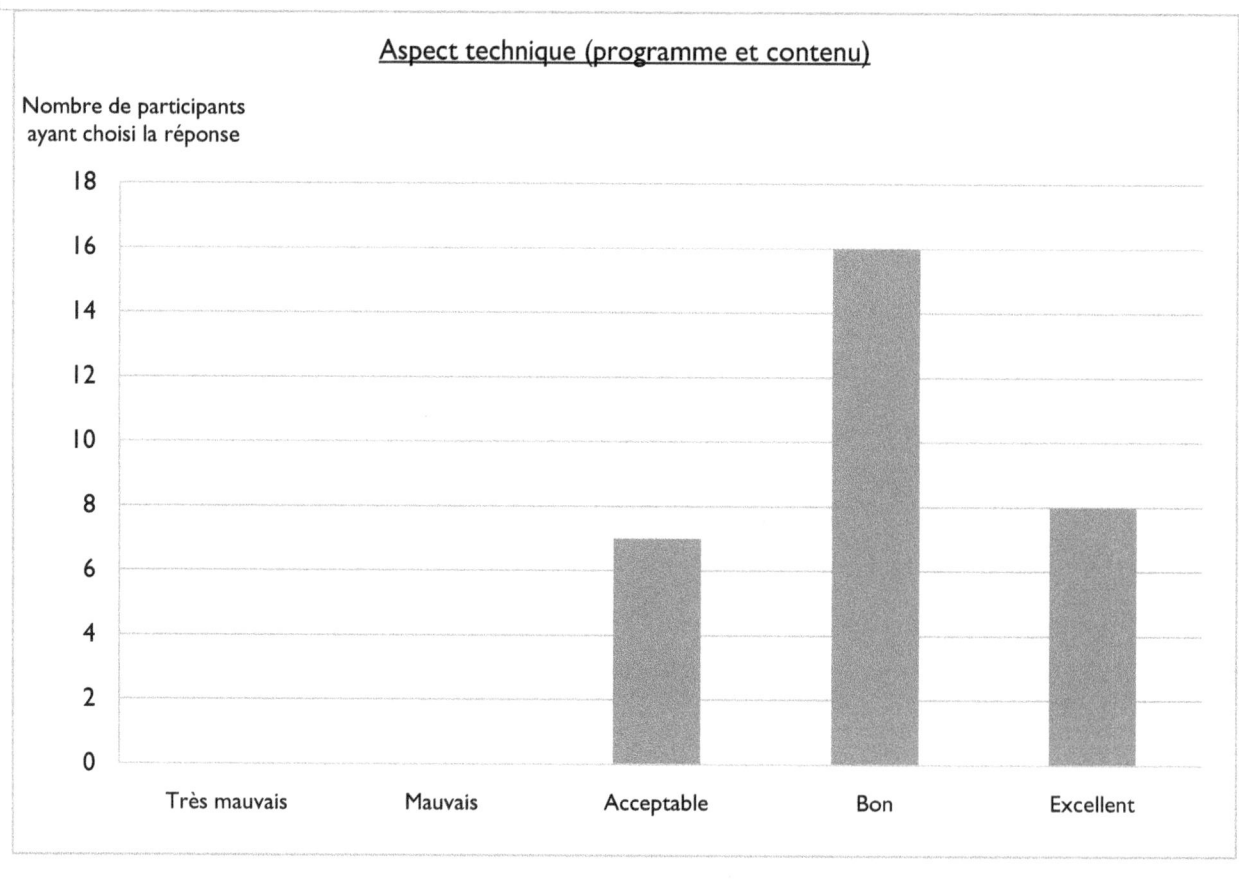

Aspect technique (programme et contenu)

Nombre de participants
ayant choisi la réponse

Très mauvais Mauvais Acceptable Bon Excellent

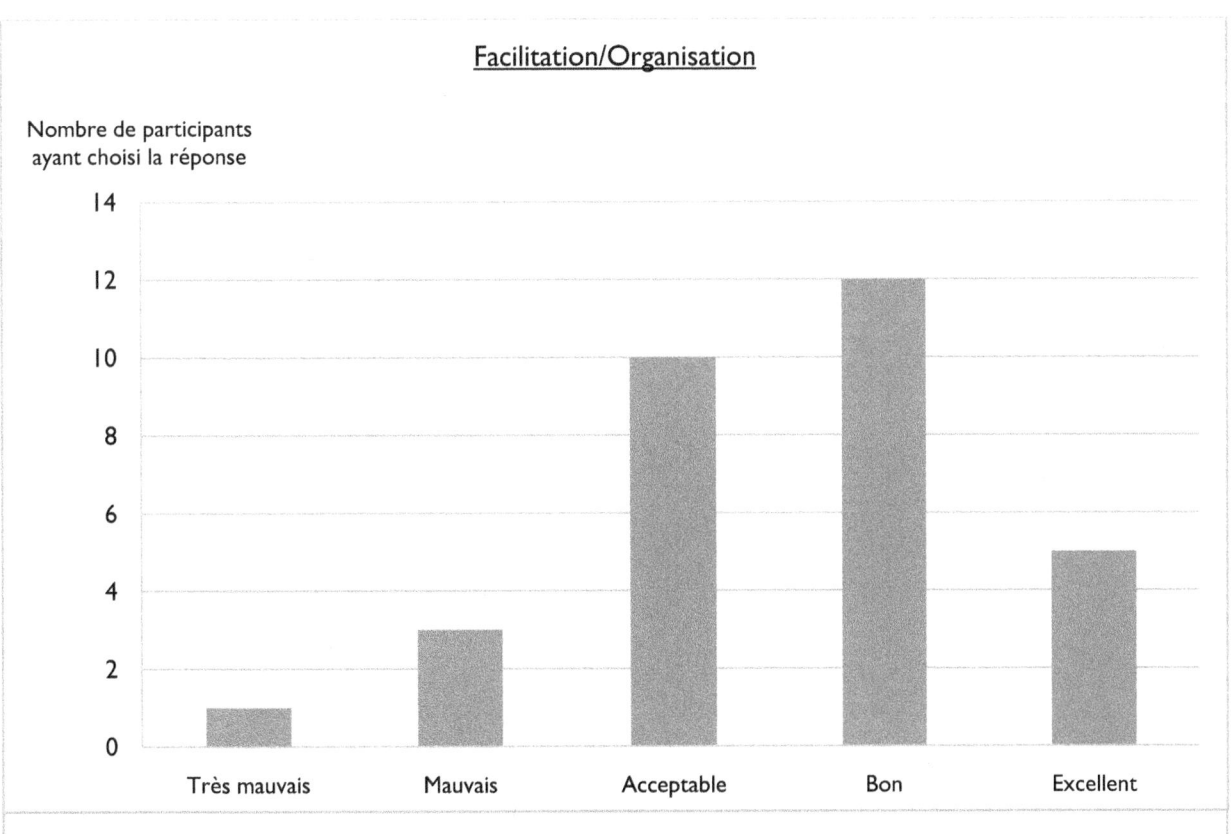

Facilitation/Organisation

Nombre de participants
ayant choisi la réponse

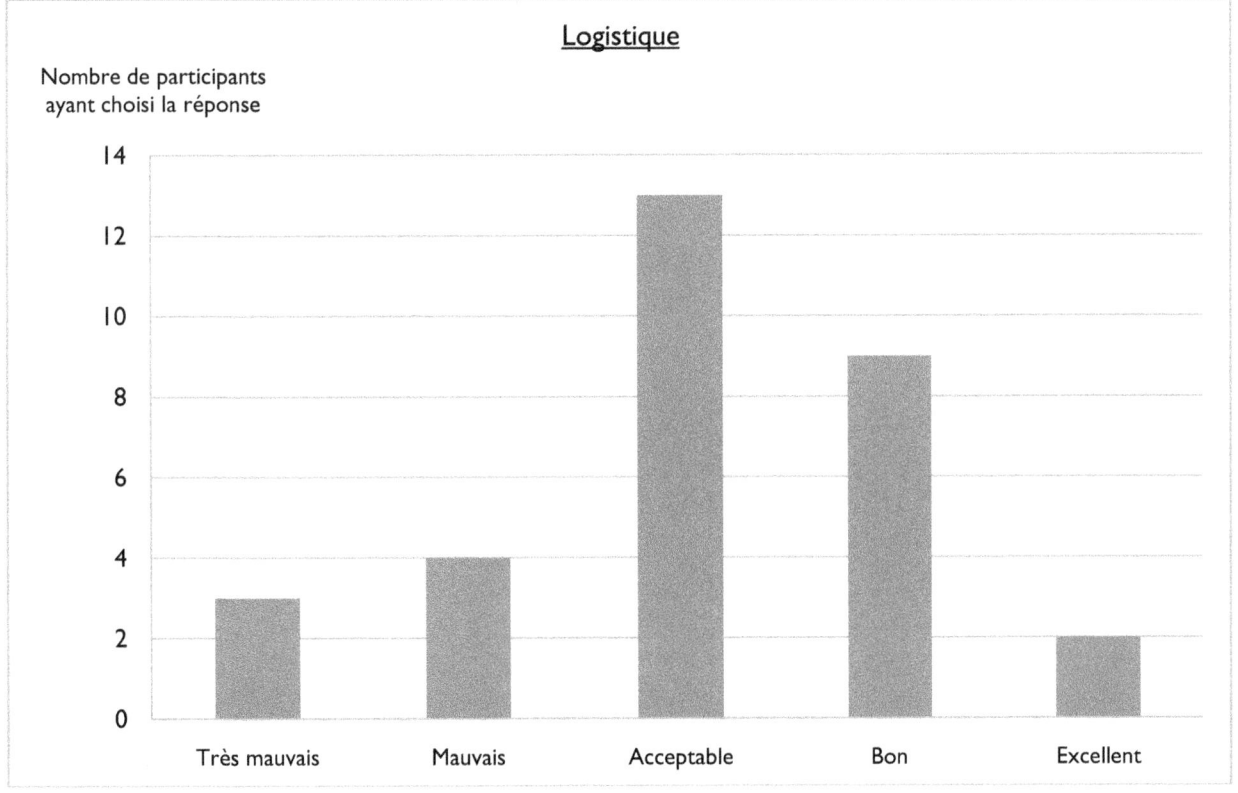

Logistique

Nombre de participants
ayant choisi la réponse

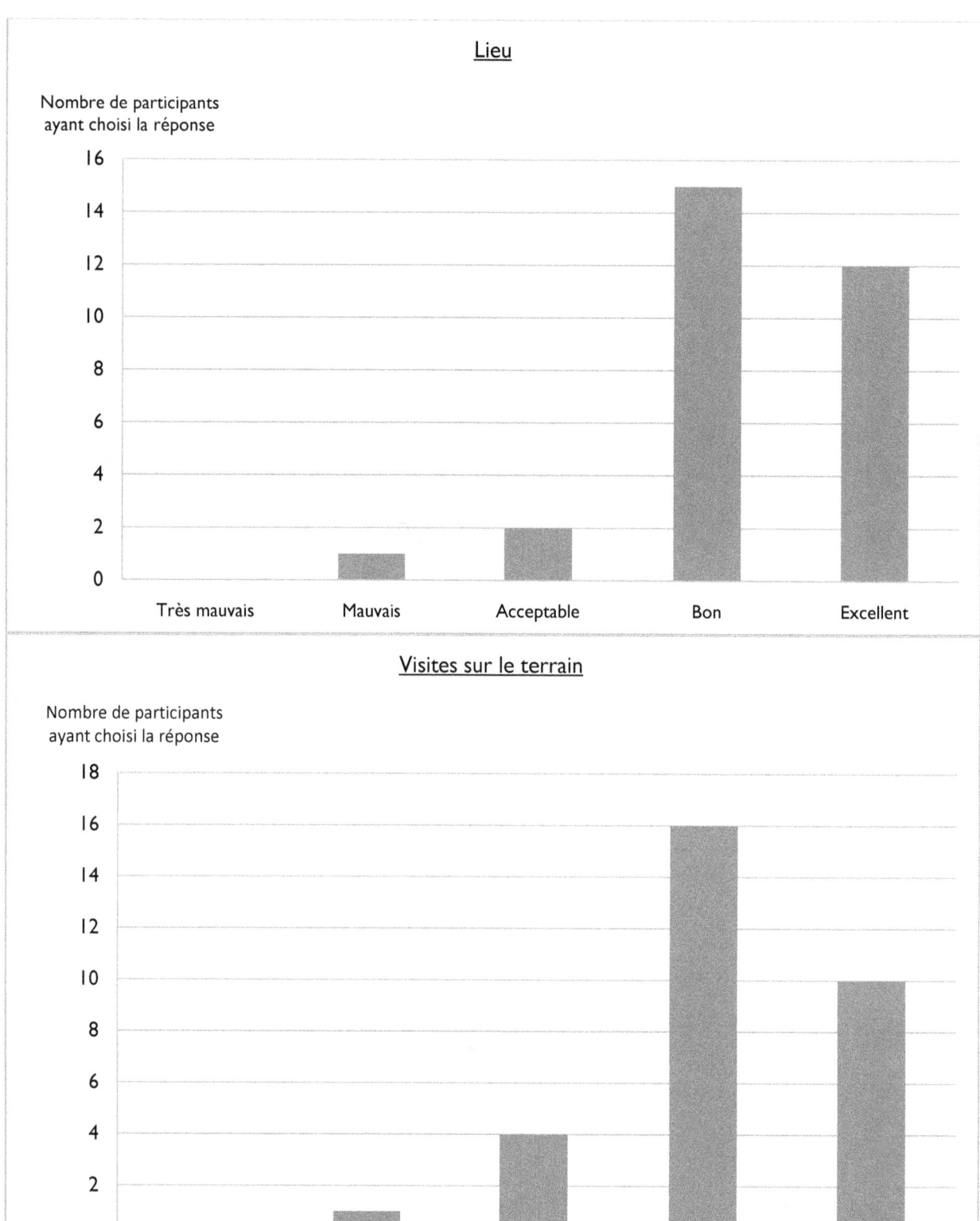

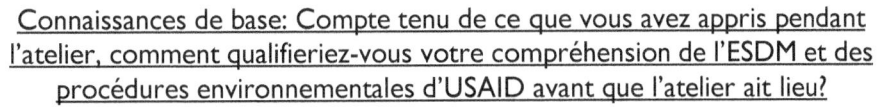

Connaissances de base: Compte tenu de ce que vous avez appris pendant l'atelier, comment qualifieriez-vous votre compréhension de l'ESDM et des procédures environnementales d'USAID avant que l'atelier ait lieu?

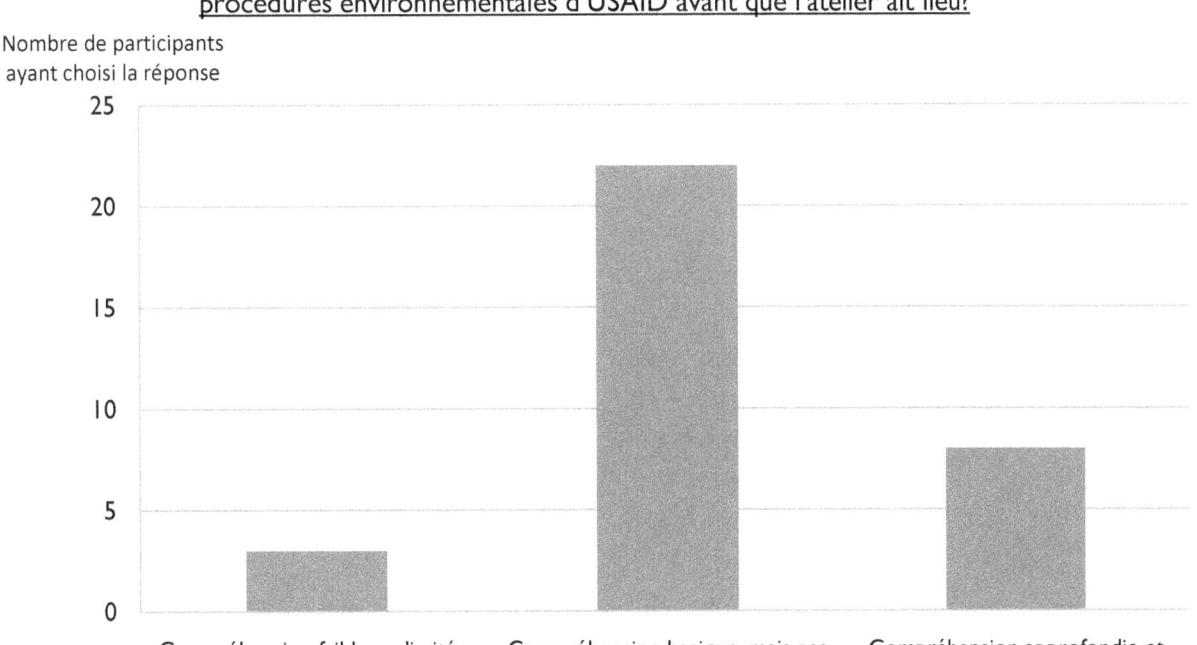

Nombre de participants
ayant choisi la réponse

Renforcement: Dans quelle mesure l'atelier a renforcé vos connaissances et votre capacité à répondre aux exigences de conformité environnementale dans le cadre de votre travail/responsabilités professionnelles ?

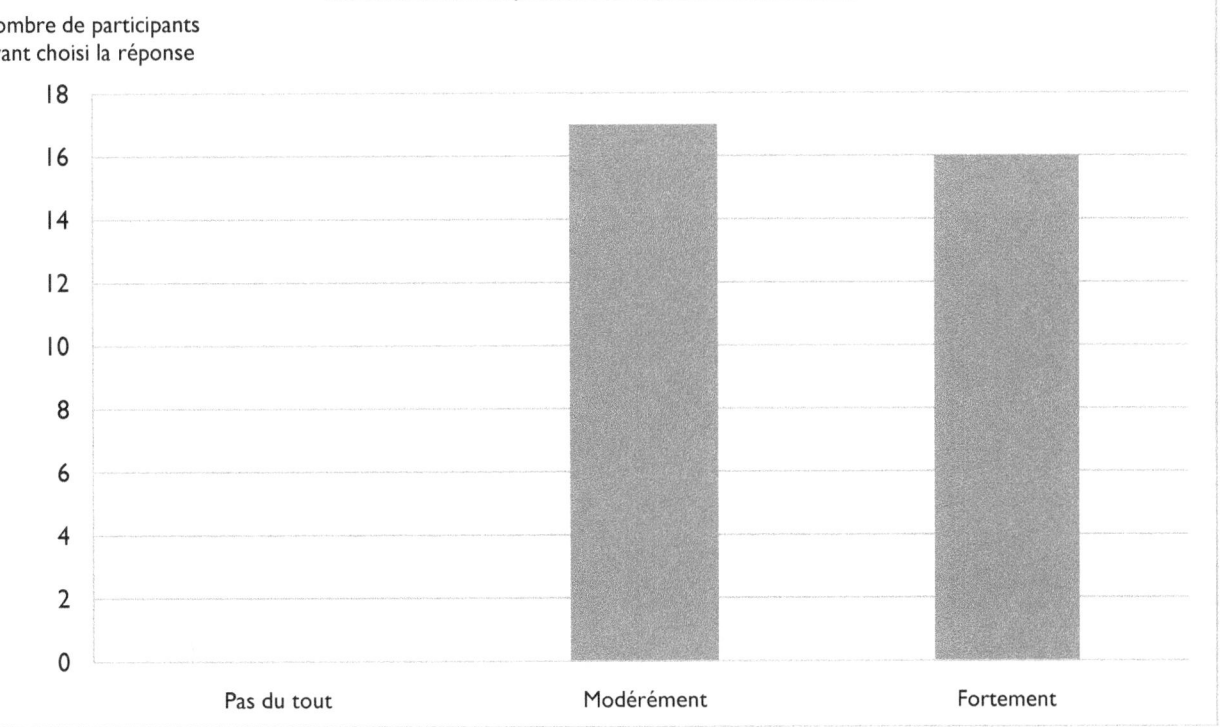

Nombre de participants
ayant choisi la réponse

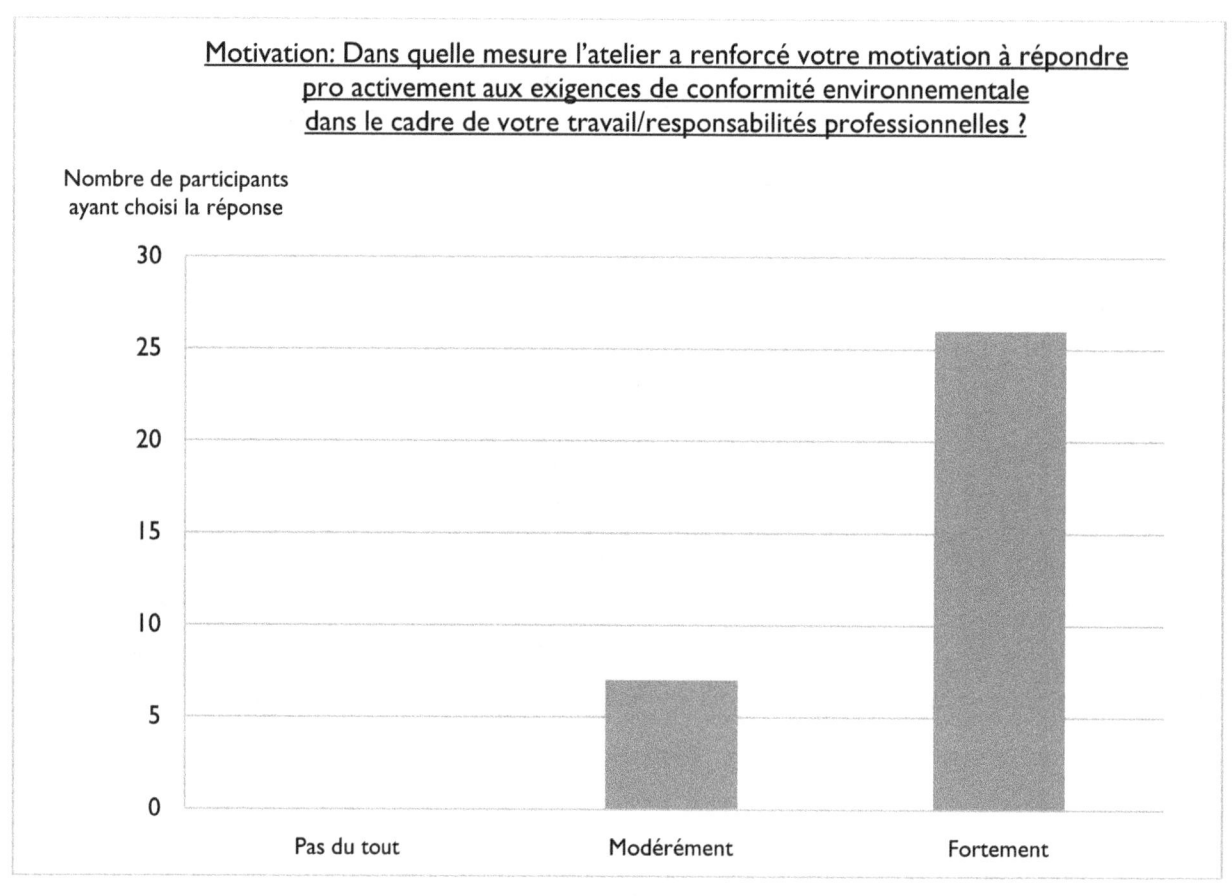

Atelier 2:

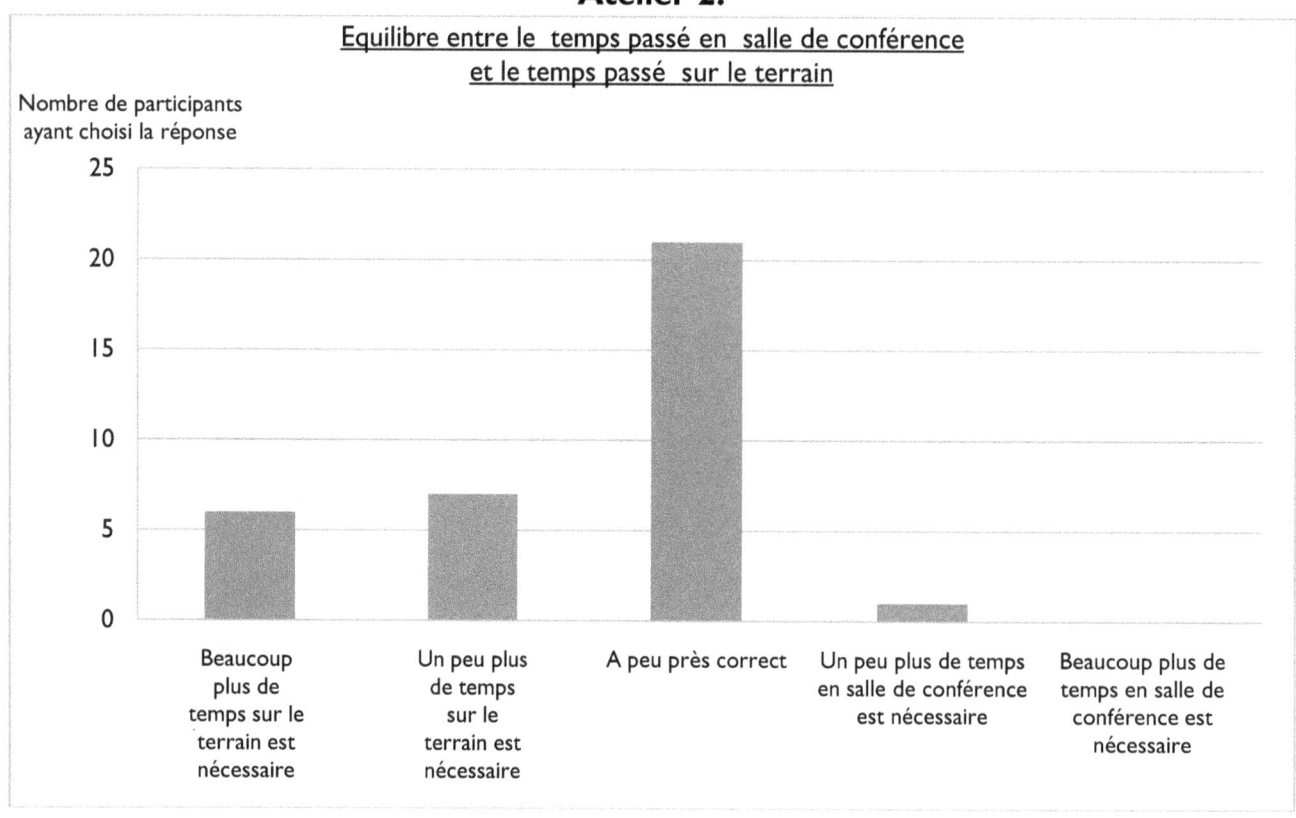

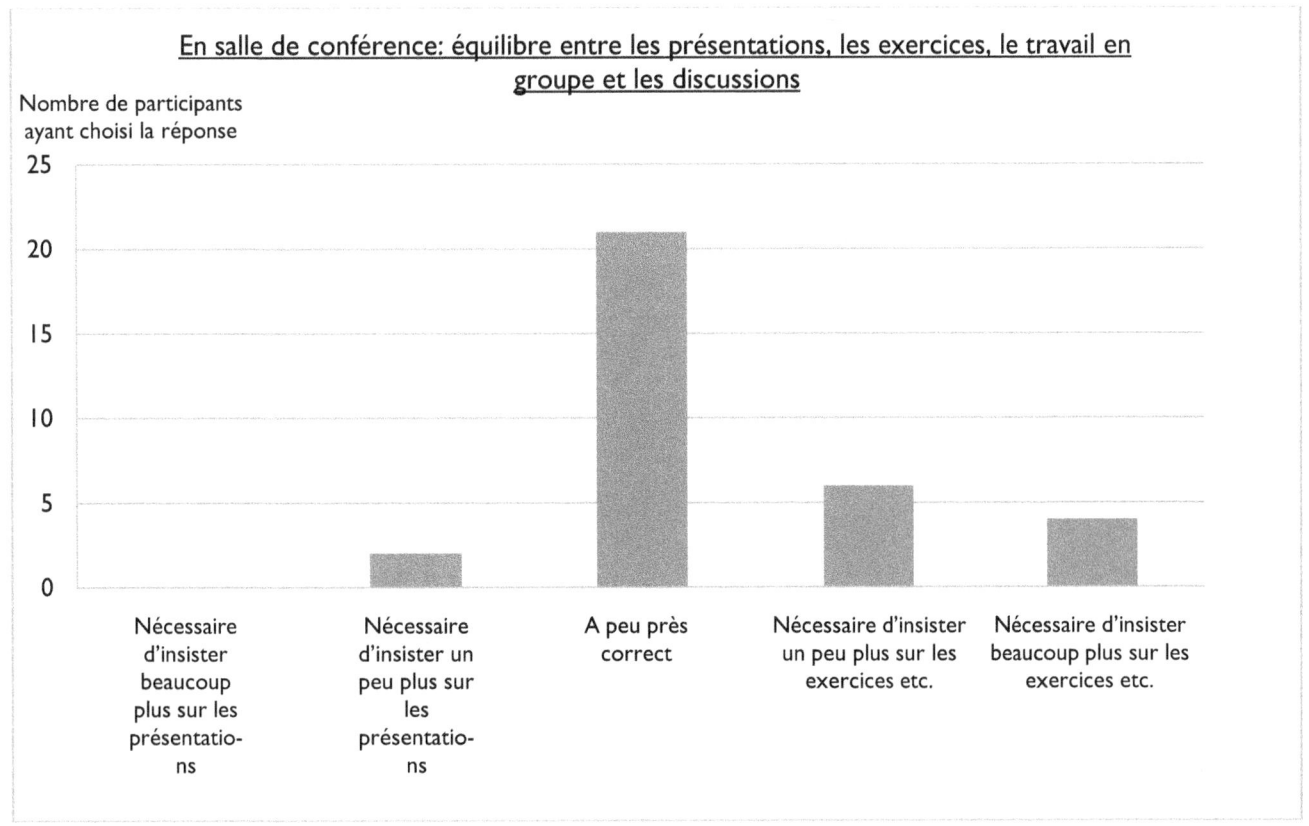

En salle de conférence: équilibre entre les présentations, les exercices, le travail en groupe et les discussions

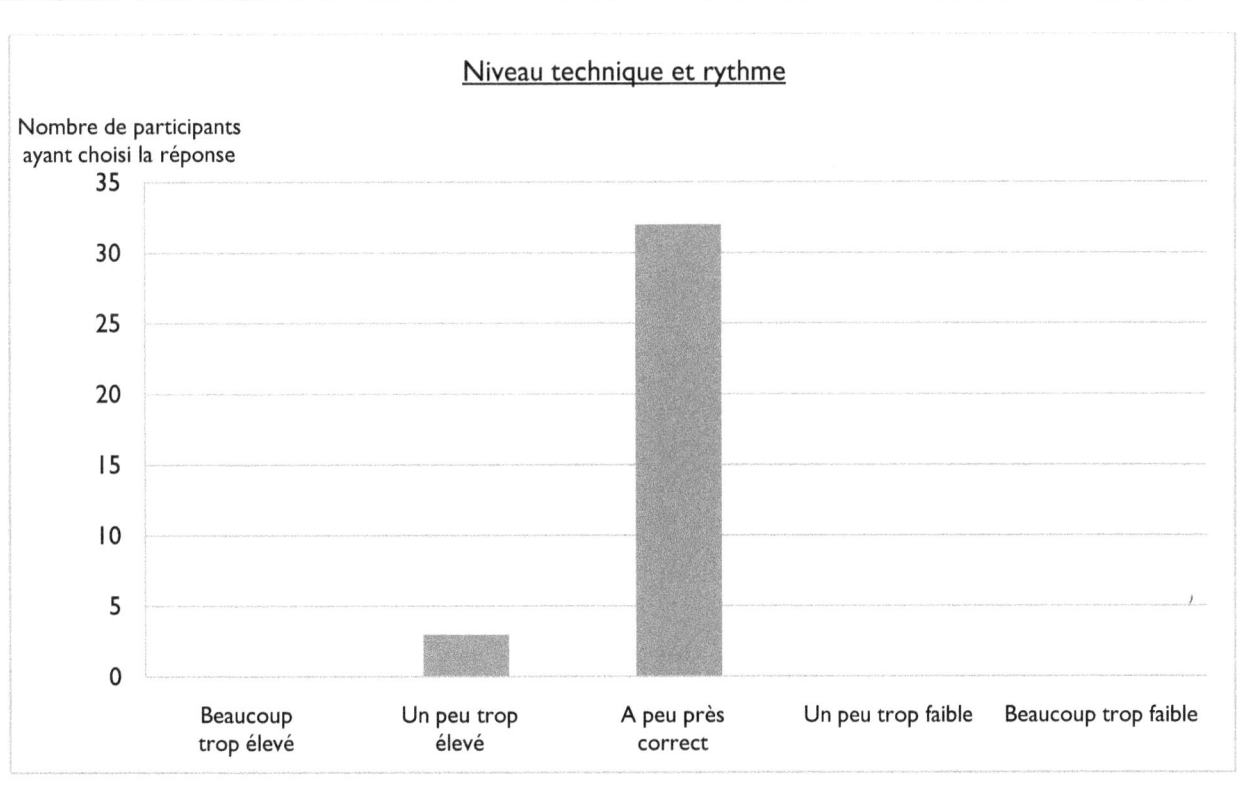

Niveau technique et rythme

Place pour les interactions et l'apprentissage
Nombre de participants ayant choisi la réponse
18
16
14
12
10
8
6
4
2
0
Besoin d'entendre et d'apprendre beaucoup plus directement
Besoin d'entendre et d'apprendre plus directement des présentateurs
A peu près correct
Plus de place pour les interactions est nécessaire
Beaucoup plus de place pour les interactions est nécessaire

Disponibilité des présentateurs/facilitateurs pour répondre à des questions/doutes
Nombre de participants ayant choisi la réponse
12
10
8
6
4
2
0
Très bonne disponibilité
Bonne disponibilité
Disponibilité correcte
Plus de disponibilité nécessaire
Beaucoup plus de disponibilité nécessaire

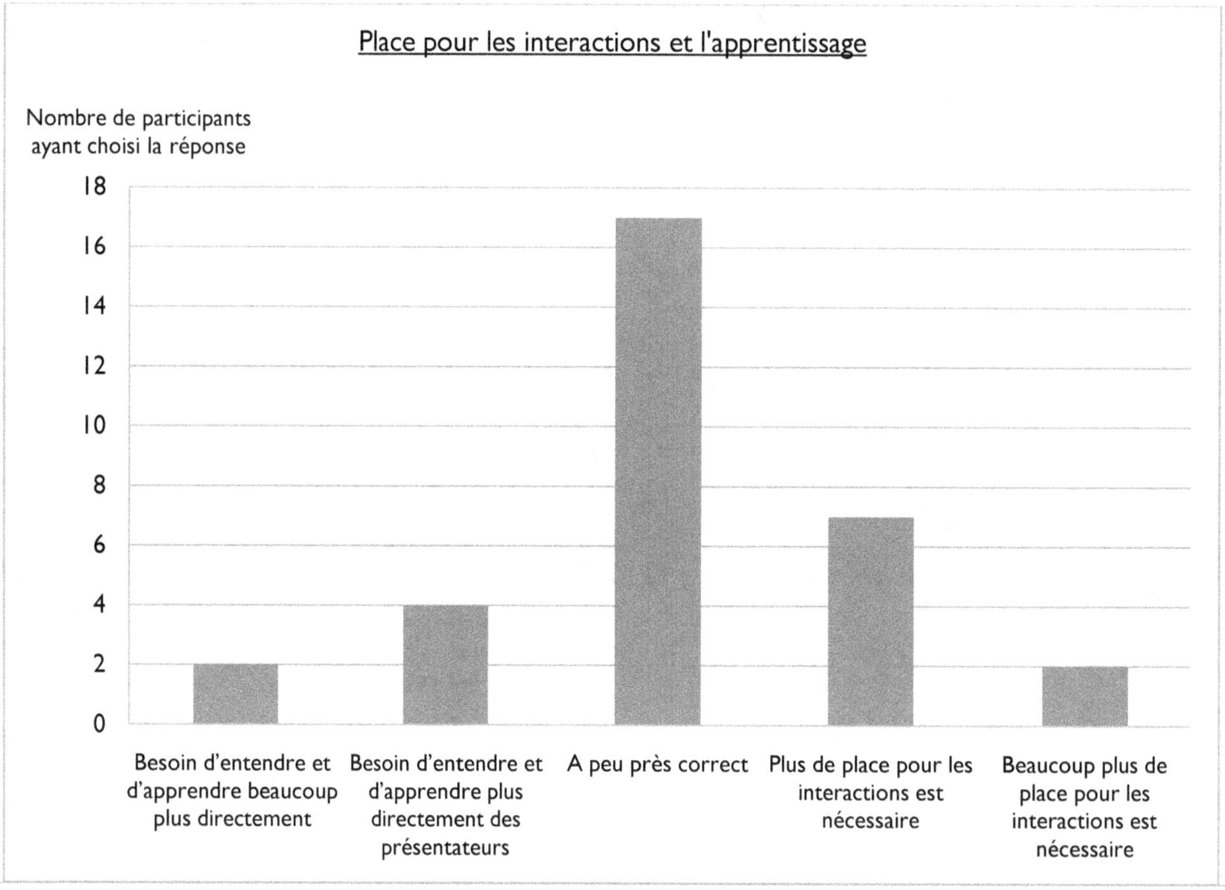

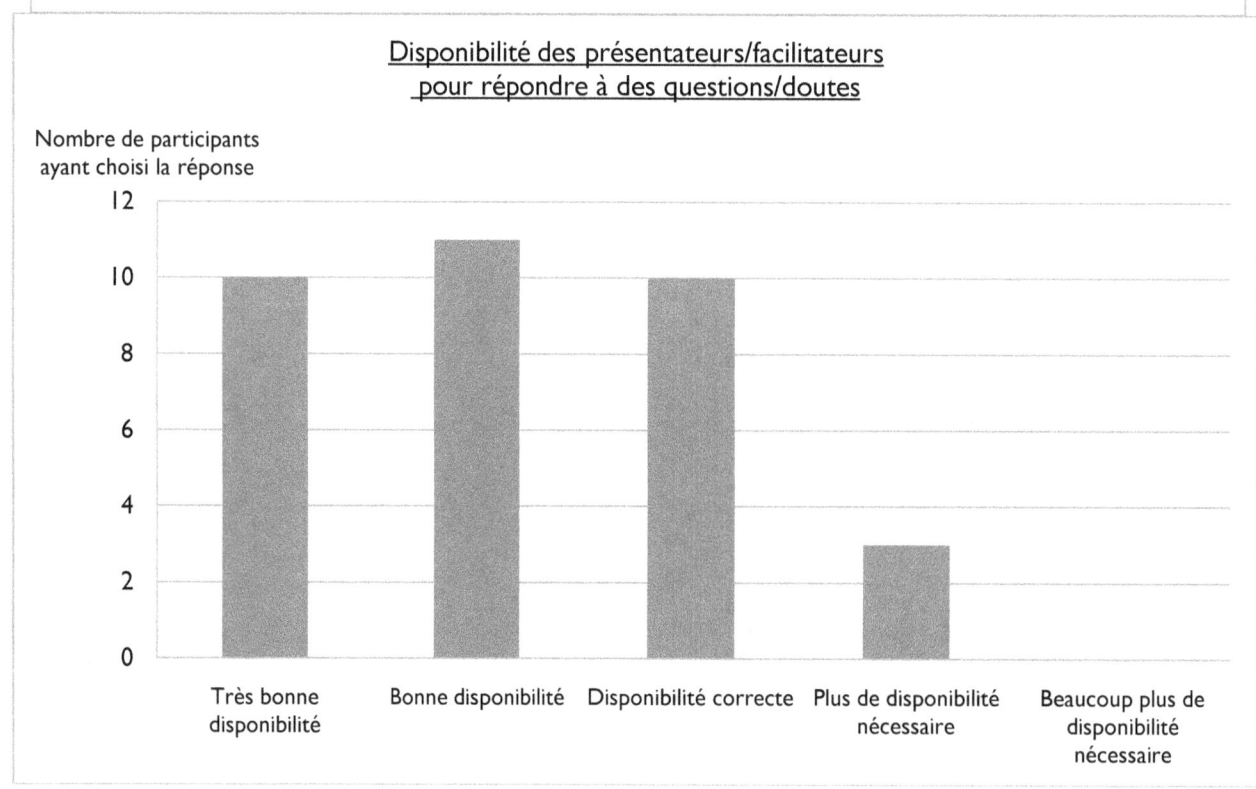

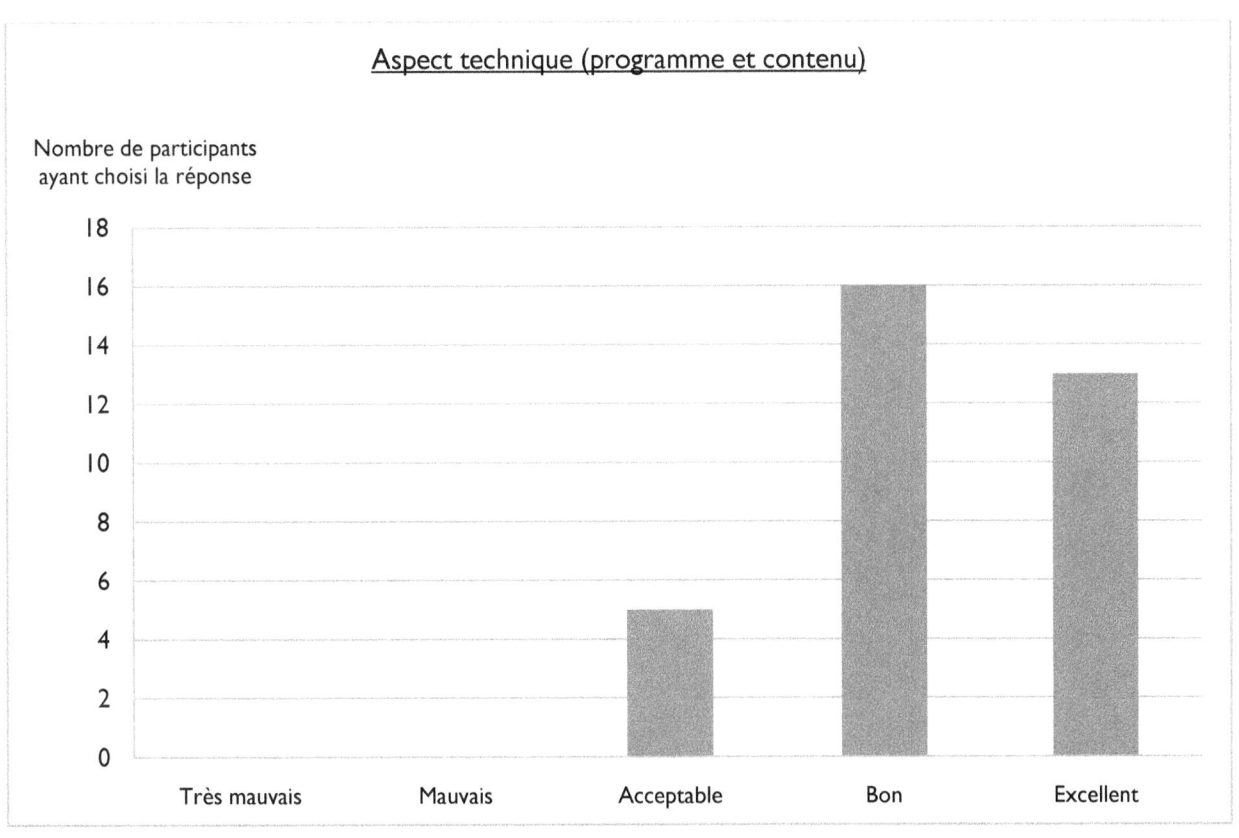

Aspect technique (programme et contenu)

Nombre de participants
ayant choisi la réponse

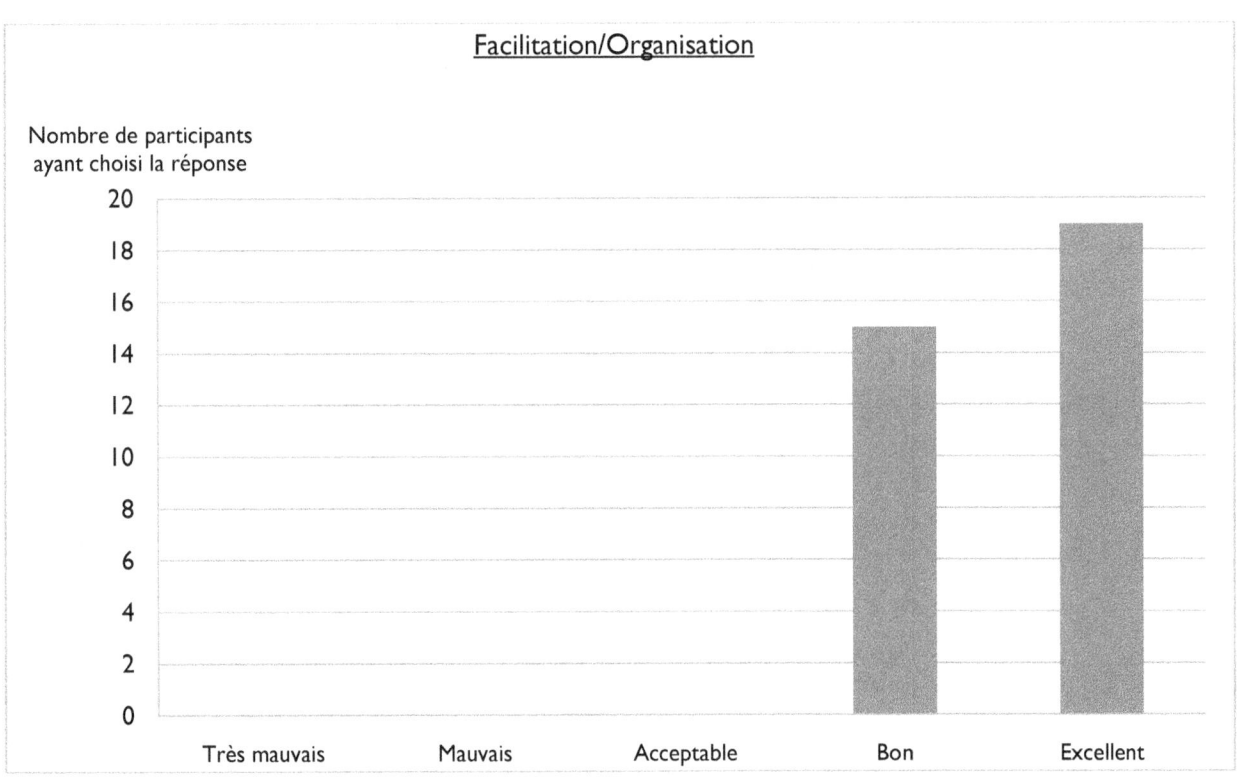

Facilitation/Organisation

Nombre de participants
ayant choisi la réponse

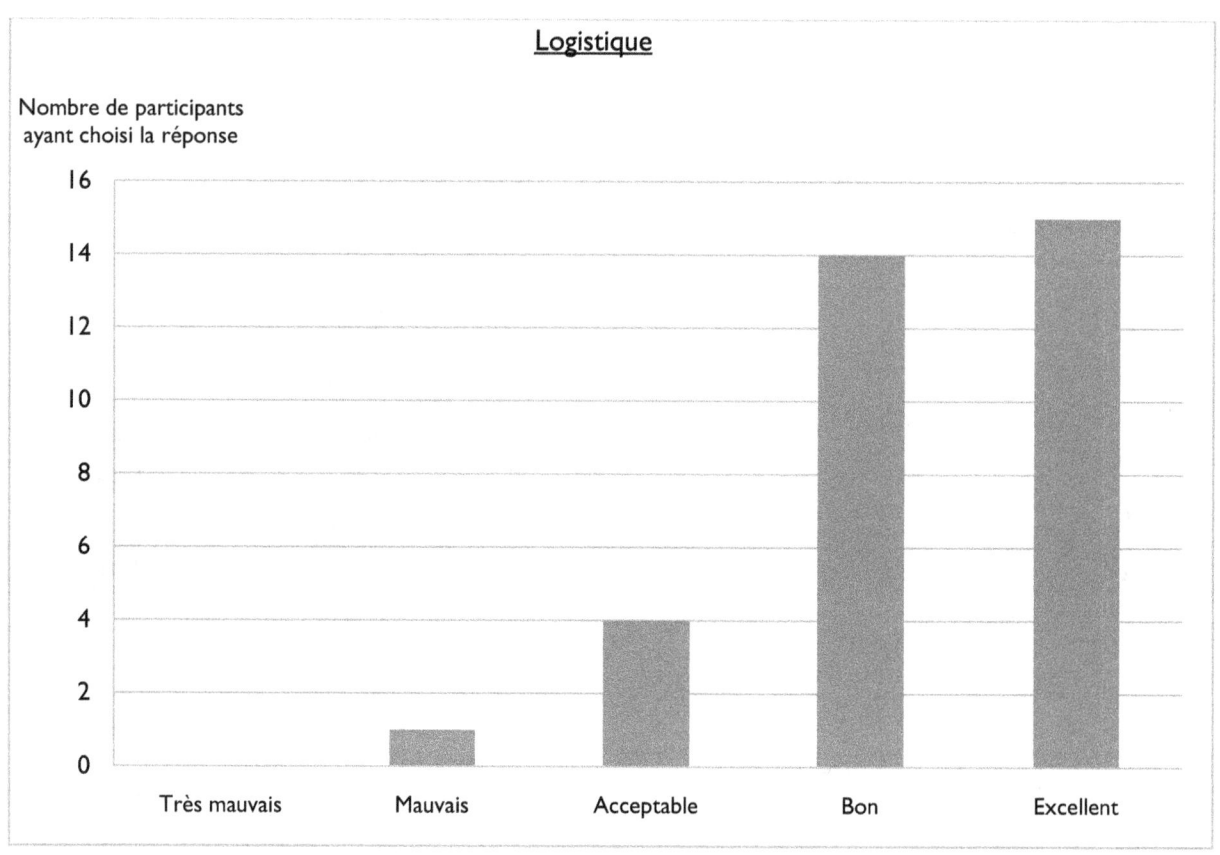

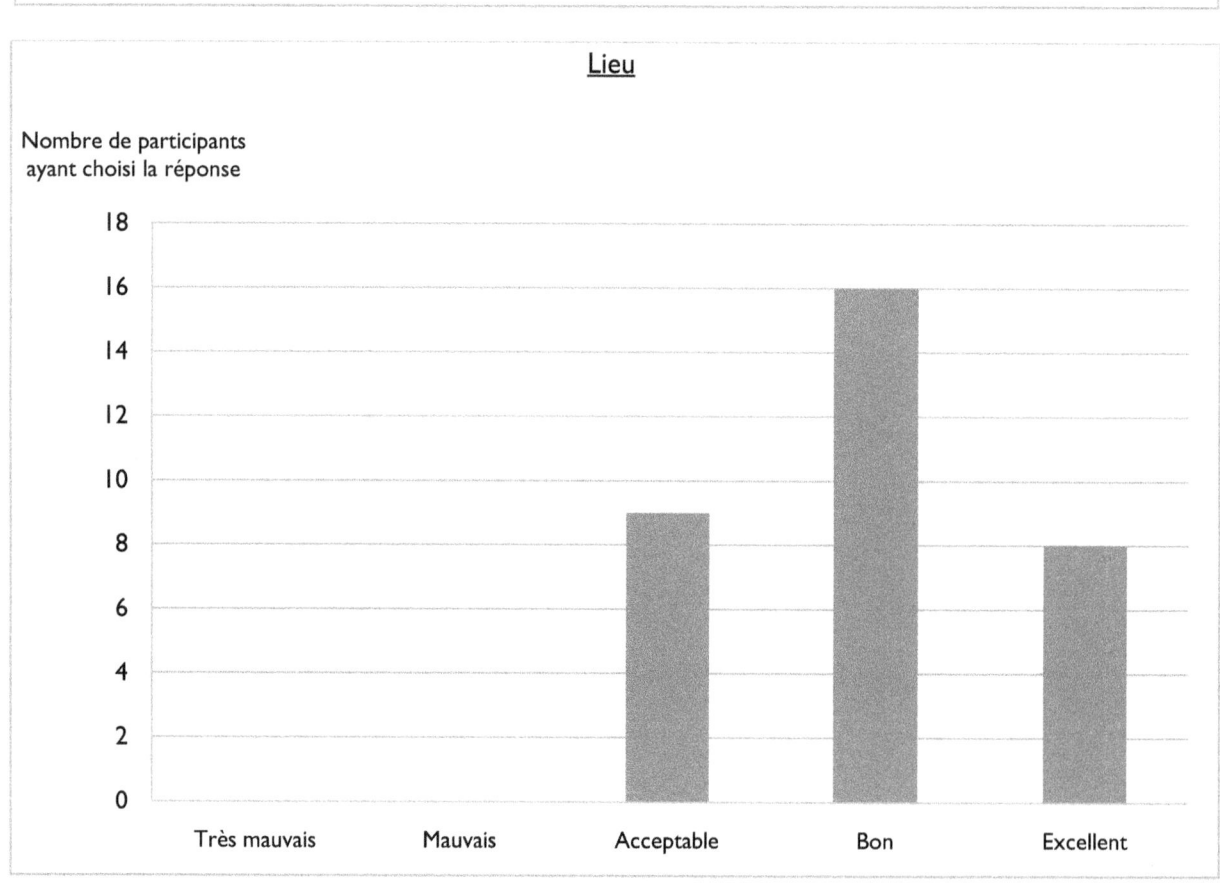

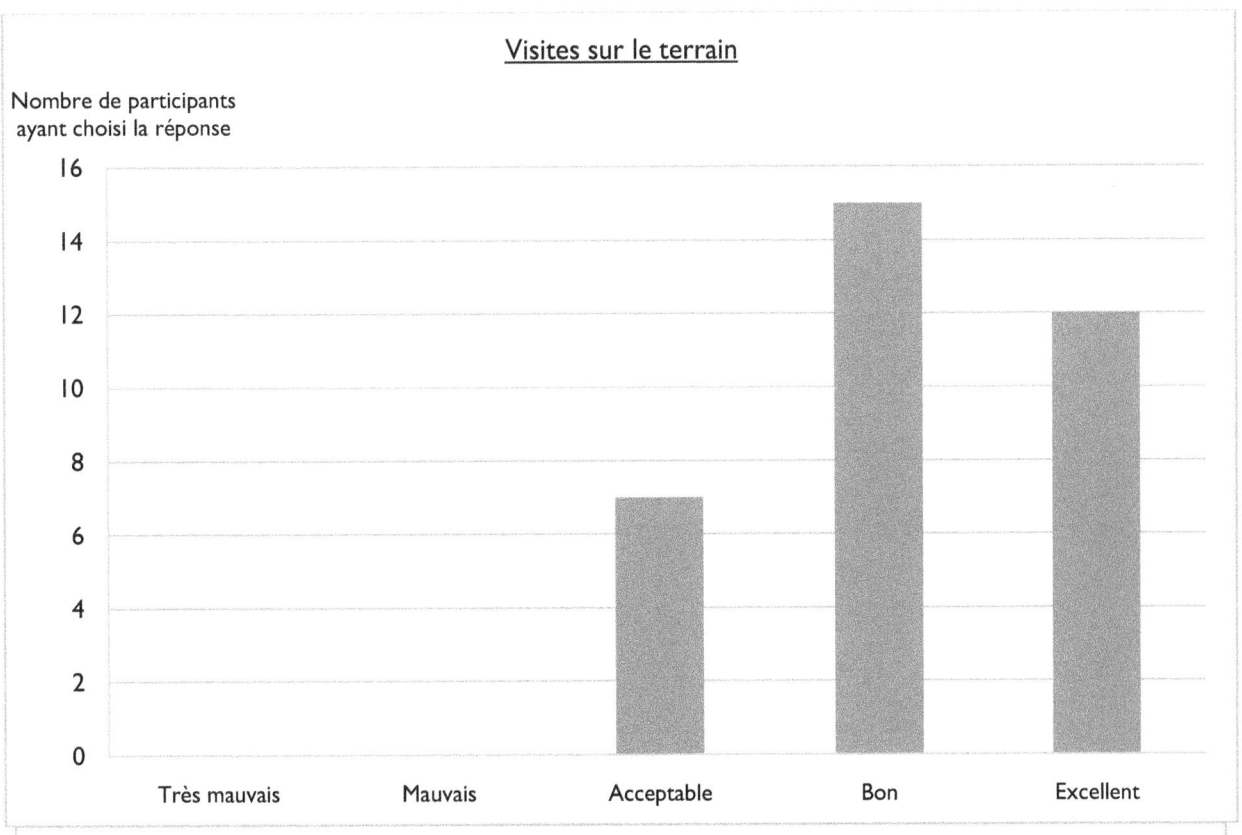

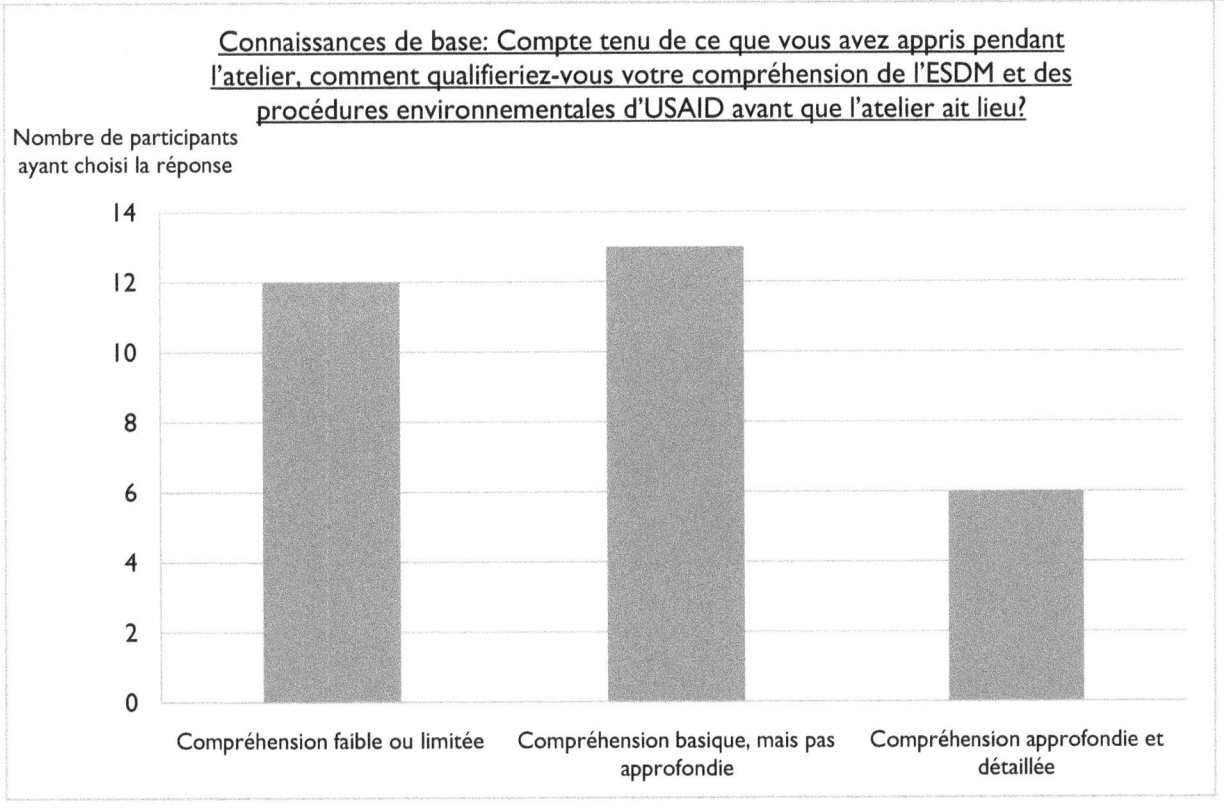

Renforcement: Dans quelle mesure l'atelier a renforcé vos connaissances et votre capacité à répondre aux exigences de conformité environnementale dans le cadre de votre travail/responsabilités professionnelles ?

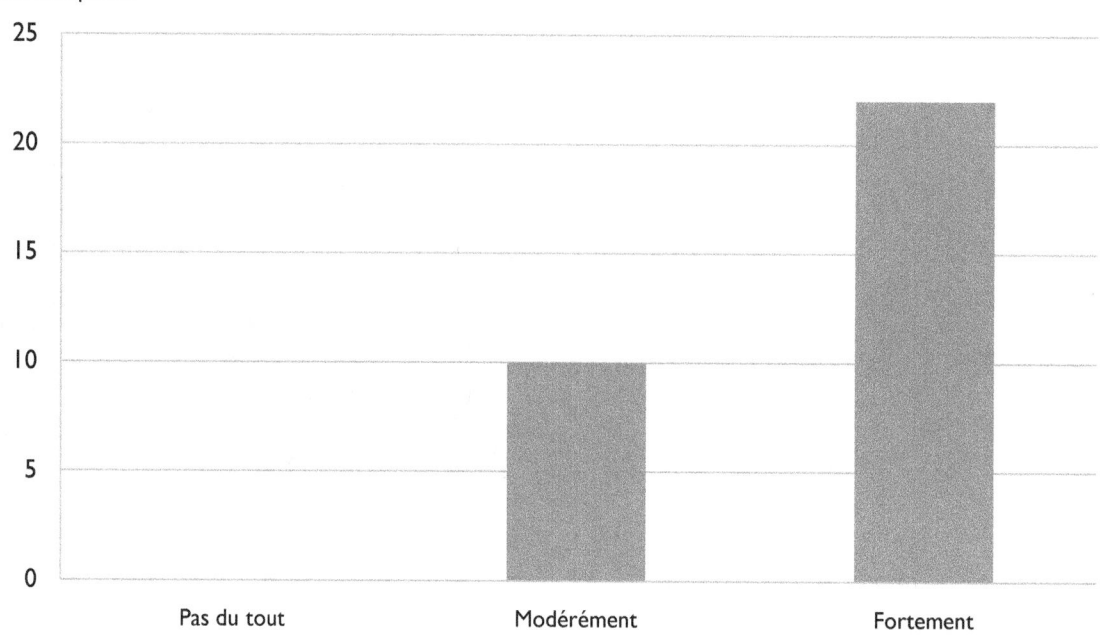

Nombre de participants
ayant choisi la réponse

Motivation: Dans quelle mesure l'atelier a renforcé votre motivation à répondre pro activement aux exigences de conformité environnementale dans le cadre de votre travail/responsabilités professionnelles ?

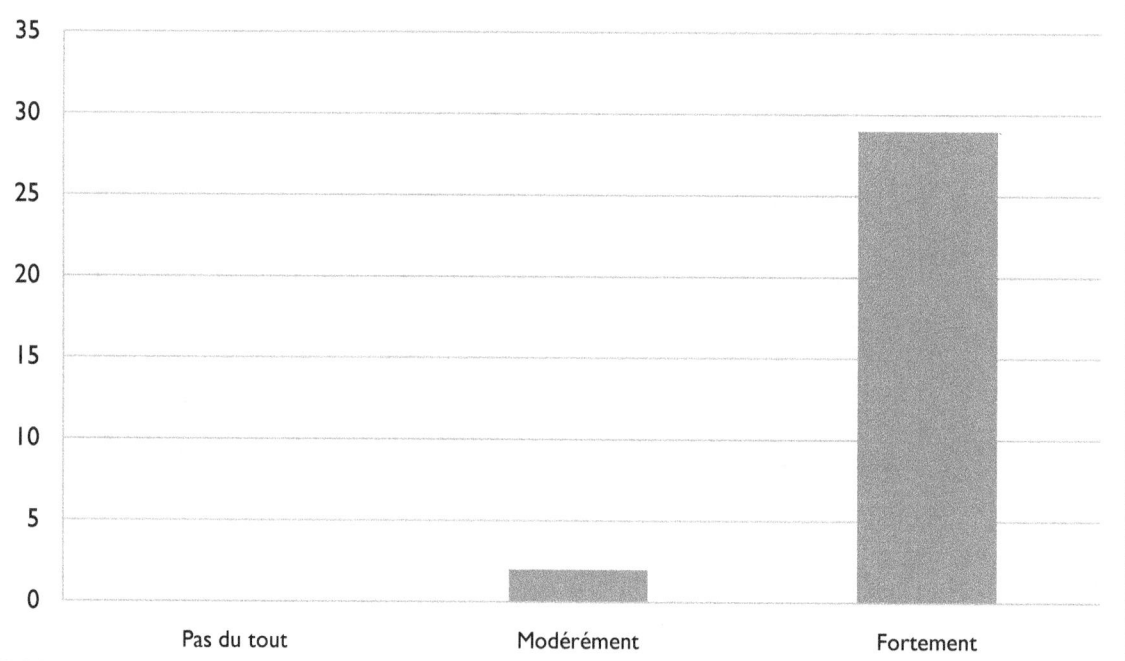

Nombre de participants
ayant choisi la réponse

www.ingramcontent.com/pod-product-compliance
Lightning Source LLC
Chambersburg PA
CBHW080535290526
45790CB00006B/2418